BILAN ECONOMIQUE DU CONGO

1908-1960

André HUYBRECHTS

BILAN ECONOMIQUE DU CONGO

1908-1960

L'Harmattan

5-7, rue de l'Ecole polytechnique, 75005 Paris
http://www.librairieharmattan.com
diffusion.harmattan@wanado.fr
harmattan1@wanadoo.fr
ISBN : 978-2-296-10448-8
EAN : 97822961044488

L'auteur nous a quittés avant la publication de cette étude.

En réalisant son dernier rêve, son épouse et ses cinq enfants sont heureux de lui rendre hommage

Du même auteur

TRANSPORTS ET STRUCTURES DE DEVELOPPEMENT AU CONGO, Paris, éditions Mouton, 1970, 418 p.

DU CONGO AU ZAÏRE 1960-1980 - ESSAI DE BILAN, ouvrage collectif publié par le CRISP, Bruxelles, 1980 (rédaction de la partie économique), 420 p.

En hommage à mon ami André,

Economiste de formation, l'auteur nous livre une analyse documentée et pertinente de l'économie du Congo belge avant l'indépendance du pays en 1960.

Ses réflexions, inspirées par une connaissance approfondie des réalités économiques et sociales de l'époque, ont été nourries par l'expertise qu'il a acquise ensuite en matière de développement des pays de l'hémisphère sud dans les fonctions qu'il a exercées à la Commission européenne.

Son souci constant de transmettre ses connaissances et les conclusions de ses analyses par ses publications ou par ses cours dans le cadre de ses activités dans l'enseignement supérieur a façonné sa grande rigueur intellectuelle dont le présent document porte l'empreinte. Cela lui a valu d'être élu membre de l'Académie Royale des Sciences d'Outre-Mer.

D'une longue amitié avec l'auteur qui puise ses racines dans le lancement et la gestion de la revue économique belge « Reflets et Perspectives de la vie économique », dont il fut le fondateur avec son épouse, émerge en outre une grande admiration à l'égard de son dynamisme entrepreneurial et sa rigueur morale.

Ferdinand d'Oultremont

SOMMAIRE

AVANT-PROPOS

La Belgique, le dernier en date et le plus petit des Etats colonisateurs européens, a le mérite de mettre clairement en question sa colonisation. La genèse très particulière de la colonisation belge ainsi que le faible chauvinisme sinon la tendance des Belges à l'autocritique et à la dérision (et peut-être l'actuelle crise identitaire du pays) sont certainement à la base de ce choix. Il s'y ajoute, d'une part, la pression d'une opinion encore marquée par le tiers-mondisme et l'anti-colonialisme et, d'autre part mais en sens inverse, l'interrogation des milieux scientifiques, les historiens en tout premier lieu, qui veulent progressivement se démarquer de toute perception unilatérale.

A cet effet, il serait indiqué d'établir une « histoire de la colonisation belge » complétée, le cas échéant, par celle de la décolonisation. Elle s'étend sur un siècle (1908-2008), répartie pour moitiés entre la période coloniale et celle de l'indépendance à nos jours. Cette histoire, vu l'ampleur et la complexité du sujet, devrait se construire à partir d'une série d'analyses critiques sectorielles de la période coloniale (économie, santé, enseignement, administration...), sachant, d'une part, que ces clivages sectoriels sont, par la force des choses, quelque peu artificiels mais conscient aussi, d'autre part, que la recherche pluridisciplinaire (économie, sociologie, politique, culture…) est extrêmement malaisée, sinon inaccessible. Le présent ouvrage, limité à une approche économique, est une première concrétisation de ces bilans critiques sectoriels.

L'objectivité et la neutralité absolue ne constituent qu'un idéal en sciences humaines qui analysent forcément le passé à la lumière des connaissances et des échelles de valeurs actuelles. Notre étude s'efforcera de respecter une impartialité aussi grande que possible : des faits établis à partir de sources scientifiquement sûres et replacés dans leur contexte historique.

Nous tenterons notamment de tenir un juste milieu entre deux façons de présenter l'exploitation économique coloniale. L'optique favorable à la colonisation monte en épingle les résultats incontestablement remarquables obtenus au terme de la période 1945-1960, sans évoquer les moyens souvent critiquables utilisés pour y parvenir. L'optique « anti-colonialiste » cible les moyens (et notamment les divers aspects de la violence mise en œuvre, principalement sous l'Etat Indépendant et pendant la période 1920-1930 et l'effort de guerre 1940-1945) sans aucune allusion aux résultats qu'ils ont permis d'atteindre.

Ce qui précède indique également qu'une analyse d'ensemble ne doit pas privilégier la période 1945-1960 qui est évidemment la mieux connue, dont il reste des survivants et qui constitue incontestablement une apogée à divers égards (économie, enseignement, santé). Les années antérieures, facettes plus sombres de la colonisation, donnent un bilan sensiblement différent.

L'étude des aspects économiques de la colonisation belge (au sens strict : 1908-1960, donc à l'exclusion de la période léopoldienne, même si celle-ci en constitue la préparation) doit, à notre sens, être complétée par celle de la période qui a suivi l'indépendance (1960-2007). En effet, les caractéristiques particulières de la colonisation belge et de l'économie coloniale ainsi que certains choix de politique économique du colonisateur (outre des facteurs politiques et sociologiques évidemment importants) influenceront la régression qui suivra l'indépendance. Cette régression aboutit également à « relativiser » certains aspects critiquables de la période précédente.

Nous remercions Louis Baeck (KUL), Gauthier de Villers (UCL), Filip Reyntjens (ULB, Université d'Anvers), Guy Vanthemsche (VUB) et Jean-Luc Vellut (UCL) de nous avoir fait d'utiles suggestions et amendements. Merci également à Séverine Coget pour la révision linguistique approfondie du texte.

A propos de la colonisation belge

Un silence persistant

Les chercheurs se sont généralement assez peu penchés sur les colonisations européennes des XIXe et XXe siècles. Ils se sont principalement intéressés, d'une part, aux explorations initiales et aux conquêtes coloniales et, d'autre part, au processus de décolonisation. La réalité coloniale en elle-même a été relativement négligée : on s'est borné le plus souvent à évoquer le travail forcé, les sanctions (relégation, « chicotte »...) ou l'éradication des coutumes ancestrales, expression première des cultures africaines. Or, la connaissance de ce qu'a été la colonisation européenne est essentielle pour comprendre l'Afrique d'aujourd'hui.

Depuis 1960, même si une partie de l'opinion publique conserve une vision idéalisée de la colonisation belge au Congo, celle-ci fait l'objet d'un désintérêt général discret ou, plus souvent, d'une condamnation moins discrète, unilatéralement critique, faite d'anathèmes et de stéréotypes mais considérée comme moralement ou politiquement correcte. Cette condamnation confond allègrement deux périodes très différentes, celle de l'Etat Indépendant de Léopold II et celle de la colonisation belge (1908-1960), et ne distingue pas l'avant et l'après seconde guerre mondiale, deux sous-périodes sensiblement différentes. Elle manifeste une ignorance quasi absolue des réalités du terrain, déduit trop souvent des affirmations générales à partir de faits particuliers, fait complètement abstraction du contexte historique de ceux-ci et tend à considérer, bien après l'indépendance, que la plupart des difficultés rencontrées aujourd'hui dans les pays autrefois colonisés sont la conséquence directe de la colonisation et sont renforcées, encore aujourd'hui, par des politiques néo-coloniales. Dans cette même optique, les ex colonisés sont assez systématiquement présentés comme des victimes.

Près d'un demi-siècle après les événements, cette « pensée unique » d'inspiration tiers-mondiste commence à être mise en doute dans les milieux scientifiques mais elle reste largement prépondérante dans les médias, dans le monde de l'enseignement et dans le monde des organisations non-gouvernementales de développement, qu'elles soient basées au Nord ou au Sud. Nombreuses sont en effet celles qui croient en tirer, au moins en partie, leur légitimité ; elles y trouvent, en tout cas, leur financement.

Cependant il ne suffit pas qu'une idée soit largement acceptée et généreuse pour être exacte ou juste. La mode n'est pas qu'un phénomène vestimentaire ou de comportement. Elle marque l'évolution des idées, le cours des idéologies et des jugements que nous portons sur la société humaine, sur l'histoire et, plus nettement encore, sur des événements politiques ou sociaux relativement récents. En fait, lorsqu'une idée est (encore) à la mode, elle risque fort d'être dépassée, fausse, injuste. Il suffit de constater l'évolution des idées sur le sous-développement et sur l'aide au développement du « Tiers-Monde » pour s'en apercevoir.

L'objectivité absolue est un idéal malaisément accessible dans un domaine qui reste passionnel même après deux générations. Le débat oppose, en effet, des convaincus – hommes de gauche et tiers-mondistes – forts de leurs impératifs moraux, des acteurs de terrain persuadés des mérites de leur travail et des scientifiques en quête de faits établis et expliqués. Les abus extrêmement graves commis sous l'Etat Indépendant sont incontestables mais ils ont été amplifiés dans les médias et sont la conséquence excessive inévitable du système et non imputables à un seul homme. La colonisation belge peut également faire l'objet de critiques sévères mais cela ne justifie pas de passer sous silence des réalisations remarquables tout aussi incontestables en matière économique, médicale et d'enseignement et un progrès général des conditions de vie, surtout après la seconde guerre mondiale. Il est en tout état de cause hautement souhaitable d'en arriver à juger la colonisation belge sous tous ses aspects, positifs et négatifs, avec ses qualités et ses défauts, ses forces et ses faiblesses, en la situant dans son contexte, en fonction de la réalité des choses et des mentalités d'il y a cinquante à cent ans. Il est absurde de juger la colonisation en fonction des critères d'aujourd'hui et l' anachronisme constitue une erreur majeure en histoire. Il est clair qu'au XIXe siècle, l'opinion célébrait unanimement les vertus de la (ou des) colonisation(s) et les mérites des colonisateurs et coloniaux.

Cette appréciation devra nécessairement être fondée sur une analyse rigoureuse d'une large documentation par les chercheurs de demain. A cet égard, il est urgent notamment de préserver, maintenant qu'il en est encore temps, les témoignages de première main de ceux qui ont mis cette colonisation en œuvre sur le terrain, c'est-à-dire les « coloniaux ».

Le temps a passé depuis le 30 juin 1960, l'indépendance précipitée et la décolonisation effective mais catastrophique qui a suivi aussitôt. Une connaissance plus éclairée de la période coloniale est désormais devenue possible. Il n'est pas question pour autant d'entonner l'« Eloge du colonialisme » (titre du livre de Julien Cheverny paru aux éditions Julliard en 1961) mais de jeter un regard aussi objectif que possible, bien documenté et scientifiquement critique sur le demi-siècle de présence belge au Congo. Les milieux scientifiques devraient être, par nature, disposés à aller dans ce sens. L'opinion publique belge devrait également être prête à évoluer. Le débat peut donc être ouvert par les historiens, sociologues, politologues, économistes et autres chercheurs. L'analyse rigoureuse des faits dispose d'archives qui deviennent accessibles. Et on peut encore consulter la mémoire sociale des témoins de la colonisation c'est-à-dire les coloniaux qui ont mis cette colonisation en œuvre avant que les derniers de ceux-ci disparaissent.

Le débat entre colonisateurs européens et ex-colonisés africains est encore plus difficile. En effet, au départ, l'incommunicabilité entre les deux mémoires ou perceptions de la colonisation est absolue. Les colonisateurs font état et un relevé quasi comptable de leurs réalisations, les ex-colonisés évoquent leur humiliation. Les premiers sont considérés comme des agresseurs, les seconds se posent en victimes. Et l'évocation de l'exploitation coloniale permettra jusqu'à ce jour aux responsables africains de masquer leurs erreurs, leurs échecs, leurs incompétences.

Mais, l'opinion des Congolais évolue dans le sens d'une appréhension plus large et plus éclairée de la période coloniale, plus rapidement peut-être qu'en Belgique, car ce sont eux qui ont été colonisés et ils sont avides de connaître et de se réapproprier un passé dont ils n'ont plus guère le souvenir après bientôt deux générations et l'effondrement de leur pays. Il est révélateur qu'un Congolais écrive ce qui suit : « Le colonisateur belge a exploité le pays pendant 80 ans, certes ; il a usé de la violence, de la répression et de l'arbitraire, il a méconnu les droits des Congolais. Mais, en retour, il a donné du travail, il a assuré des soins médicaux, il a construit des écoles et des hôpitaux, il a ouvert des routes et mis en place des services de base et des infrastructures de développement. Par contre, le colonisateur noir, le Congolais, a détruit le pays, il n'a pas entretenu ce que le Belge a laissé ; il a détourné les ressources du pays, il n'a pas donné du travail, il n'a pas payé les fonctionnaires, il n'a rien construit, il a tué et usé de l'arbitraire, il a bradé la souveraineté du Congo, il a appauvri son peuple et son pays. Il a compromis l'indépendance en la mettant à son service personnel et à celui de ses soutiens internes et externes[1] ».

Le discours du président Kabila devant le Sénat belge le 10 février 2004 confirme en quelque sorte cette évolution au plus haut niveau. Citons ce texte « L'histoire de la République démocratique du Congo, c'est aussi celle des Belges, missionnaires, fonctionnaires et entrepreneurs, qui crurent au rêve du roi Léopold II de bâtir, au centre de l'Afrique, un Etat. Nous voulons, à cet instant précis, rendre hommage à la mémoire de tous ces pionniers.» Ce n'est évidemment qu'un discours « officiel » mais il exprime incontestablement ce que pensent de nombreux intellectuels congolais et n'aurait pas été prononcé s'il avait risqué de heurter l'opinion au Congo.

D'exceptionnelles singularités

La colonisation belge est extrêmement différente des autres colonisations européennes en Afrique.

La genèse de la colonisation belge est tout à fait exceptionnelle. Elle s'identifie au rêve et à l'action persévérante d'un seul homme, d'un homme seul. Elle est l'aventure personnelle de Léopold II, sans incitation aucune de ses concitoyens, à l'encontre de l'opinion publique et sans aucune manifestation d'intérêt ni appui des milieux économiques belges[2]. Et le Congo ne coûtera pratiquement rien au contribuable belge[3].

Cette colonisation est tardive et brève. Elle est pratiquement la dernière en date des colonisations et ne couvre que trois générations : une pour l'Etat Indépendant du Congo (1885-1908), deux pour le Congo Belge (1908-1960). Ne la comparons pas à la colonisation romaine de la Gaule pendant quelques siècles mais plus simplement à la plupart des implantations coloniales européennes ailleurs en Afrique.

---

[1] BAGENDA P., *Le Congo, malade de ses hommes. Crimes, pillages et guerres,* p. 23.

[2] KURGAN-VAN HENTENRYK G., *Les milieux d'affaires belges et d'outre-mer vers 1885,* pp. 461-465.

On lira également à cet égard STENGERS J, *Léopold II et l'Association Internationale du Congo* , pp.51-75 et

Le Congo, mythes et réalités. 100 ans d'histoire, pp.41-42 et 116 notamment.

[3] STENGERS J.,*Combien le Congo a-t-il coûté à la Belgique ?*

L'objectif de cette colonisation est, pour l'essentiel, de nature économique : exploitation ou mise en valeur suivant l'optique que l'on choisit. A la différence des autres colonisations, tant l'Etat Indépendant que la colonisation belge n'expriment aucun impérialisme politique, militaire, culturel ou linguistique et ne visent pas une occupation de peuplement (ne fût-ce qu'en raison du climat – le Katanga et le Kivu mis à part - mais c'est également un choix très clair au niveau politico-administratif)[4]. Considérée comme une œuvre nationale, son objectif premier, la mise en valeur du territoire, est évidemment et nécessairement complété par et appuyé sur une action sociale, dans les domaines de l'enseignement et de la santé principalement.

La mise en œuvre de cette colonisation est étroitement conditionnée par les grandes puissances. L'Acte de Berlin (1885) remplacé par la Convention de Saint-Germain-en-Laye (1919) imposent un régime ouvert, de liberté commerciale, de libre-échange et de non-protection de la métropole. Pas question d'un quelconque « Pacte Colonial » mais, au contraire, des limitations et des contraintes sévères (dont les conséquences s'avéreront d'ailleurs favorables au Congo).

L'ampleur de l'entreprise est énorme, inversement en rapport avec la taille réduite du pays colonisateur. L'étendue du territoire à occuper est considérable (un quart de l'Europe), le centre de l'Afrique est pratiquement inconnu, enclavé et difficile d'accès. La Belgique n'a ni passé ni expérience en matière coloniale.

Le dernier trait caractéristique de la colonisation belge découle de sa genèse aux plans national et international. C'est la séparation totale de la colonie avec sa métropole :

- pas de préférences commerciales (tarifaires ou non-tarifaires), fiscales ou autres, principe de non-protection qui sera cependant partiellement contourné en fait de diverses façons (cfr infra)
- une monnaie propre (et des réserves d'or et de devises y correspondant)

---

[4] Ce principe de ne pas encourager le colonat belge sera légèrement infléchi au Katanga (peu avant 1914) et au Kivu (en 1928, Comité National du Kivu) dans la crainte d'une emprise excessive de colons anglo-saxons dans le premier cas, italiens dans le second.
Cfr. : STENGERS J., *La Belgique et le Congo. Politique coloniale et décolonisation,* p. 395.

- la séparation des patrimoines et des budgets.
- une administration distincte de celle de la métropole.

Inutile de dire qu'aucune puissance coloniale n'a connu cette contrainte (qui se révélera, elle aussi, à terme et globalement, profitable au Congo).

1. L'économie coloniale

Les structures économiques du Congo et la politique économique de la Colonie reflètent les impératifs de la géographie – configuration des réseaux de transport naturels et localisation des ressources – et les traits particuliers que nous venons de citer. Cette cohérence se maintient pendant toute la période coloniale.

1.1 .La continuité institutionnelle

La politique coloniale de la Belgique se situe dans la droite ligne de celle de l'Etat Indépendant du Congo du fait des contraintes ci-dessus. Après avoir éliminé, très progressivement sans aucun doute et en partie seulement, les abus de la période léopoldienne, la politique coloniale de façon générale et la politique économique en particulier bénéficieront d'une remarquable stabilité.

L'organisation politique du Congo est fixée dès 1908 par la Charte Coloniale. Les Chambres votent le budget colonial et le Ministre des Colonies est responsable devant elles, avec l'aide du Conseil Colonial. Le pouvoir restera toujours concentré à Bruxelles au Ministère des Colonies. L'optique métropolitaine prévaudra toujours et toute tentative de décentralisation butera contre la Charte Coloniale[5].

Le Parlement et les partis politiques belges se préoccupent peu de la Colonie, électoralement dépourvue d'intérêt. L'approbation du budget de la Colonie et la politique économique coloniale suscitent peu de débats ou d'opposition significative et la gestion coloniale reste très largement à l'écart des variations de la politique belge.

Par contre et le fait est loin d'être symbolique, les trois rois qui succèdent à Léopold II manifesteront chacun un intérêt actif pour le Congo.

Deux familles politiques, les « piliers » catholique et libéral alternent à la tête du département des Colonies, le parti socialiste restant en dehors de la gestion coloniale[6]. La stabilité des institutions, des idées

---

[5] STENGERS J., op. cit. , pp. 392-394.

[6] Sur l'ensemble de la période coloniale, les ministres des Colonies appartiennent au parti catholique pour les 4/5èmes (487 mois) et libéraux pour 1/5ème (133 mois) . Les

et de leur application persiste tout au long du demi-siècle de colonisation belge. Des tensions entre pouvoir métropolitain et autorité coloniale se manifestent cependant à diverses reprises : en 1922, entre le Ministre des Colonies Franck et le Gouverneur Général Lippens, au cours de la seconde guerre mondiale entre le gouvernement de Londres et le Gouverneur Général Ryckmans, en 1954-1958 entre le Ministre Buisseret et le Gouverneur Général Pétillon. La politisation de l'administration s'affirme également au cours de cette dernière période, affaiblissant et démotivant l'autorité publique. Ces conflits ne concernent guère le domaine économique.

1.2. La collaboration Etat-entreprises

La même continuité caractérise la collaboration étroite (au point que l'on peut parler de complaisance, de collusion, voire de concussion) entre les pouvoirs publics et les entreprises coloniales[7]. Les missions très présentes au Congo sont le troisième acteur de la colonisation belge. On peut notamment considérer l'Eglise catholique comme le vecteur principal de l'éthique capitaliste (dans une économie de marché où le salariat est prépondérant) grâce à son monopole scolaire et aux activités économiques de ses établissements[8]. Les missions, surtout catholiques mais également protestantes collaboreront étroitement avec le pouvoir colonial [9].

Sous l'Etat Indépendant et pendant la colonisation belge, l'Etat ne cesse d'intervenir de façon décisive dans les investissements que suppose la mise en valeur du territoire - au départ le chemin de fer du Congo qui débloque l'intérieur du pays, ensuite d'autres voies ferrées, ainsi que les réalisations du Plan Franck (1920) et du Plan décennal (1950) -, dans les

---

Gouverneurs Généraux sont presque tous catholiques, les fonctionnaires du département le sont largement.

VANTHEMSCHE G. , *La Belgique et le Congo empreintes d'une colonie,* p. 67 et pp. 347-348.

[7] VELLUT J.L., *Articulations entre entreprises et Etat...passim.*

[8] JEWSIEWICKI B., *Capitalisme par procuration...* pp. 85-90.

[9]Un conflit très net opposera l'Eglise et le gouvernement belge en 1954, provoquant dans l'opinion congolaise la dissociation des deux autorités, civile et religieuse, dont l'étroite collaboration avait été jusqu'alors une des constantes de la politique coloniale (voir VAN WING J., *Impressions du Congo 1955*, pp. 174-177.)

politiques économiques et commerciales liées aux activités exportatrices minières et agricoles ou aux transports (politique, tarifaire notamment, de la Voie Nationale) et dans les pouvoirs concédants.

L'existence d'un « Portefeuille » de participations de l'Etat dans les grandes entreprises résulte de cette association et la concrétise. Cette situation, tout à fait originale en Afrique, est le fruit de la politique de Léopold II, reprise et étendue par le pouvoir colonial belge.

Soulignons cependant qu'il n'est pas question pour autant d' « économie mixte ». En dépit du Portefeuille, l'Etat n'exercera qu'un rôle mineur et la réalité est plutôt l'inverse : ce sont les grandes sociétés qui influencent l'administration coloniale et l'Etat (sans jouer cependant de rôle significatif dans la décolonisation).

1.3. La prépondérance du grand capital

La mise en valeur d'un territoire immense, pratiquement inexploré et d'accès malaisé requiert des investissements considérables et hasardeux. Il est évident que seul le grand capital est en mesure d'affronter ce risque. Il sera assumé par les grands groupes belges (Société Générale de Belgique, Brufina, Empain, Cominière) suivis par Unilever, qui exerceront dès lors une emprise quasi complète sur l'économie congolaise. En 1958, sur quelque 6000 entreprises, 205 entreprises (comptant plus de 500 travailleurs) emploient les deux tiers de la main d'œuvre totale au service du secteur privé[10]. L'omniprésence du groupe de la Société Générale de Belgique – près des deux tiers des capitaux investis par les grands groupes privés - est particulièrement à remarquer. Les grandes entreprises maîtrisent ainsi complètement le système de production des biens et des services qui participent à l'économie de marché dans le cadre d'une extrême concentration et intégration financières : production minière et agricole (exception faite du coton cultivé par les petits producteurs indigènes, de la moitié de la production commercialisée du palmier et, bien évidemment, de l'approvisionnement vivrier des centres), réseaux de transport, réseaux commerciaux et financiers, industries manufacturières [11].

---

[10] BEZY F., *Les implications économiques de la décolonisation au Congo*, pp. 7-8.

[11] BEZY F., *Problèmes structurels de l'économie congolaise,* p.47.

Les petites et moyennes entreprises ne représenteront jamais une partie significative de l'économie du pays. Le colonat blanc notamment, au Katanga et au Kivu pour l'essentiel, n'a qu'un poids économique marginal (et ne pèsera pas politiquement).[12] La classe moyenne congolaise (petits planteurs, boutiques) en est à ses débuts au cours des années précédant l'indépendance.

1.4. L'extraversion

La colonisation étant, par nature, l'exploitation des ressources naturelles du territoire colonisé, l'économie coloniale sera, par nature également, fondamentalement extravertie. Les productions minières et agricoles sont essentiellement destinées à être exportées et les réseaux de transport ont une vocation centrifuge.

Il en résulte une extrême vulnérabilité par rapport à la conjoncture économique internationale, celle des marchés des matières premières en particulier. C'est ainsi que la crise de 1930 a fortement marqué l'économie congolaise même si celle-ci a fini par la surmonter sans que des difficultés excessives mettent en cause les taux de croissance élevés de la période coloniale. Signalons à ce propos que la gamme diversifiée des exportations minières et agricoles du Congo (tout à fait exceptionnelles pour un pays sous-développé, notamment en Afrique noire) atténue cette vulnérabilité conjoncturelle dans la mesure où l'évolution des marchés des divers produits n'est pas identique, certains mouvements de baisse pouvant être compensés par des mouvements de hausse ailleurs.

La progression des industries manufacturières et l'expansion du marché intérieur auraient dû avoir pour résultat d'atténuer la vulnérabilité conjoncturelle de l'économie congolaise. Malheureusement, le Plan décennal, qui aurait pu modifier en ce sens les structures économiques du Congo, a plutôt renforcé la vocation exportatrice des réseaux de transport (en privilégiant les réseaux ferrés et en sacrifiant le réseau routier) et n'a guère contribué au désenclavement des régions rurales mais a accentué la marginalisation de l'agriculture indigène[13].

---

[12] JEWSIEWICKI B., *Le colonat agricole européen au Congo belge,* pp.559-571.

[13] VANTHEMSCHE G.,*Genèse et portée du Plan décennal du Congo Belge*, p. 56.

1.5. Le dualisme de l'économie.

L'économie du Congo est constituée en fait de deux sous-systèmes économiques qui existent côte à côte[14]. Le principal est européen, capitaliste, en croissance rapide. L'autre est un monde africain, traditionnel, d'auto-subsistance qui stagne. Il n'existe guère de relations d'échange entre ces deux mondes mais un prélèvement par contrainte (au début du moins) du secteur européen sur les ressources humaines et naturelles du territoire. Par contre, le secteur africain dépend étroitement du secteur européen. En 1958, l'économie autochtone qui représente 58 % du revenu national est constituée pour moitié (50,6 %) de salaires (versés par les entreprises européennes), moins d'un quart (22,4 %) du revenu de petites entreprises commerciales et artisanales congolaises et plus d'un quart (27 %) de revenus de l'économie rurale de subsistance.

*

*   *

La plupart des traits caractéristiques de la colonisation belge et de l'économie coloniale sont à la base de l'extraordinaire expansion économique du pays au cours de cette période. Certains influenceront la régression qui suivra l'indépendance.

[14] BAECK L., *Economische ontwikkeling en sociale structuur in Belgisch Congo*, pp 110 et 308.

2. L'évolution de l'économie congolaise

2.1. Population

2.1.1. La régression de la population congolaise, passant sans doute de 15 à 10 millions d'habitants, qui a suivi la pénétration européenne n'a pas été enrayée avant 1930. Outre les razzias esclavagistes arabes, suivies des très graves abus de la récolte du caoutchouc au cours de la période léopoldienne, elle est essentiellement le résultat de la pénétration européenne elle-même, des recrutements sous la contrainte de main d'œuvre pour le portage et les corvées et des déplacements de population, entraînant la diffusion d'endémies, la maladie du sommeil principalement.

La population congolaise a été estimée par L. de Saint-Moulin[15] à 10.303.932 unités en 1925, à 10.252.515 en 1930 (soit une régression de 0,1 % par an). Elle enregistre ensuite un accroissement qui s'accélère jusqu'à plus de 2 % l'an.

Au 31.12.59, la population congolaise atteignait 14.443.862 unités (statistiques rectifiées par L. de Saint-Moulin), réparties sur les 2.345.410 km² du pays. La densité de population était ainsi en moyenne de 6,15 habitants par km² mais avec une répartition inégale entre régions (9,1 dans la province de Léopoldville, 3,4 au Katanga). Le taux de natalité atteignait 43 °/oo, le taux de mortalité 23 °/oo, soit une croissance démographique annuelle de 2,3 %. Quelque 23 % de cette population vivait hors du milieu coutumier (villes et centres extra-coutumiers).

2.1.2. La population européenne (tableau statistique 1) s'accroît à long terme de 6,6 % par an (période 1916-1959), soit à un rythme légèrement supérieur à celui de la croissance du PIB de l'économie moderne (5,91 %). L'encadrement européen constitue effectivement un facteur de production particulièrement important. Son évolution est accidentée, amplifiée par rapport à la conjoncture de l'économie congolaise (+ 14,05 % entre 1920 et 1927, régression de 1930 à 1933, + 7,94 % de 1930 à 1959).

Au 31.12.59, la population européenne s'élevait à 115.157 unités. Sa répartition par secteurs d'activités confirme à la fois l'importance de son rôle d'encadrement économique et celle de l'action missionnaire. Sa répartition par nationalités montre le nombre significatif (24 %) de non-

[15] de SAINT-MOULIN L., *La population du Congo belge pendant la seconde guerre mondiale* in *Le Congo belge durant la seconde guerre mondiale,* pp. 24-25.

métropolitains dans les secteurs d'entreprises, colons[16] et missionnaires, ce qui distingue sans doute le Congo belge des autres colonies européennes en Afrique noire. Sa répartition par provinces correspond au poids économique de celles-ci.

Répartition de la population européenne (au 31.12.59)

secteurs d'activités	nationalités		par province
Agents d'entreprise 44 %	Belgique 77,9 %	Royaume-Uni 2,3 %	Léopoldville 29,9 %
Colons 22 %	Portugal 4,7 %	France 2,1 %	Equateur 5,9 %
agents de l'Etat 19 %	Italie 3,2 %	Etats-Unis 1,8 %	Orientale 15,5 %
missionnaires 15 %	Grèce 3 %	Pays-Bas 1,2 %	Kivu 12,4 %
		Autres pays 3,8 %	Katanga 28,7 %
			Kasaï 7,6 %

[16] Sur une dizaine de milliers de colons, c'est-à-dire d'indépendants, on compte près de 40 % de commerçants majoritairement non-belges (portugais, grecs...), 20 % de colons agricoles très majoritairement belges, 15 % d'industriels, 12 % d'artisans, 8 % de professions libérales.
Source : *Rapport sur l'administration du Congo Belge pendant l'année 1958, p.290.*

2.2. Evolution d'ensemble

L'évolution fondamentale de l'économie congolaise est caractérisée par une croissance soutenue et extrêmement rapide. L'évolution du PIB est fidèlement représentée au cours de la période 1920-1959 (tableau statistique 1) par une tendance exponentielle (taux annuel de croissance à prix constants) de 4,78% au total et 5,91% pour l'économie moderne (c'est-à-dire à l'exclusion du secteur de subsistance). Un rythme pareil sur une période aussi longue apparaît réellement exceptionnel par rapport à tous les pays d'Afrique au sud du Sahara et même par rapport aux pays industrialisés[17].

Le point de départ de cette expansion se situe après la première guerre mondiale. La période 1920-1929 connaît un progrès rapide et très régulier, la grande crise de 1930-1931 ramène le PIB au niveau de 1925, elle est suivie d'une reprise lente puis plus rapide (1932-1935-1937), arrêtée par la stagnation de l'immédiat avant-guerre (1938-1940) à laquelle succèdent les progrès de la période de guerre (1941-1944) qui fait faire à l'économie congolaise un bond qualitatif (industriel notamment), deux années d'hésitation (1945-1946), l'expansion très rapide des années 1947 à 1957, se terminant par le tassement précédant logiquement l'indépendance.

L'économie coloniale, par nature simple et extravertie, évolue évidemment de façon « monolithique ». Les séries représentatives de l'ensemble ou d'un secteur de l'économie congolaise, tels le PIB total ou commercialisé, la production industrielle, le trafic des transporteurs, la population européenne et les tonnages exportés, évoluent en corrélation étroite et sont donc toutes significatives de l'évolution économique globale du pays.

La croissance du PIB et celle des exportations se trouvent ainsi en étroite corrélation (le coefficient de corrélation R = 0,991 pour la période 1920-1959). La corrélation avec les importations est moindre (R = 0,915) en raison de l'extrême vulnérabilité conjoncturelle de celles-ci[18].

---

[17] BEZY F., *Principes pour l'orientation du développement économique du Congo* pp.3-4 indique également une tendance exponentielle de 4,7 %. Compte tenu de la croissance démographique (2,3 %), l'accroissement du produit par habitant est de 2,4 % par an.

[18] Les calculs de corrélation ont été effectués à l'IRES de l'Université Lovanium à Kinshasa. Voir HUYBRECHTS A., *Transports et structures de développement*, Note annexe V pp. 333-336.

L'économie moderne (commercialisée ou monétaire) qui ne représentait que 52% du PIB total en 1920, en représente 92% en 1959. Dans ce contexte de monétisation croissante, la part des Congolais passe de 46% du revenu national en 1950 à 58% en1958.

En 1959, le PIB par habitant du Congo se situe à 90 US $. Il était le plus élevé de l'Afrique sub-saharienne, très proche de celui de pays méditerranéens tels que le Portugal ou la Grèce[19].

2.3. Relations extérieures

2.3.1.Exportations

L'expansion des exportations (statistiques du commerce extérieur) est illustrée par des taux d'accroissement exponentiels annuels de 8,16% (tonnage) sur la période 1913-1959 et de 6,22% (valeurs) sur la période 1920-1959 (5,6% pour les produits miniers, 7,6% pour les produits végétaux)[20].

Evolution des exportations (*)

	1888	**1890**	**1895**	**1900**	**1904**
valeur (mio F.C. courants)	2,6	8,2	10,9	47,4	51,9
	1913	**1921**	**1938**	**1950**	**1959**
tonnage (000t)	25	104	552	915	1.630
valeur (mio F.C. courants)	55	218	1.962	13.631	24.788

(*)Les statistiques du commerce extérieur (tableau statistique 2) concernent inévitablement le Congo, le Rwanda et le Burundi, réunis en Union économique et monétaire

Il est clair que ces taux d'accroissement sont exceptionnellement élevés de manière générale et plus particulièrement pour l'Afrique noire.

De plus, cette croissance s'est faite de façon moins heurtée que ne le ferait craindre l'extrême irrégularité des marchés des matières premières (surtout sur une période qui inclut la crise des années 30 et la seconde guerre mondiale). Les exportations minières exercent un rôle

[19] BEZY F., *Principes pour l'orientation...*, p.10 précise que si le revenu moyen était en 1956 de 77 US $, il n'était que de 41 US $ pour les congolais seuls et de 29 US $ pour les 9 millions de congolais ruraux non intégrés dans l'économie européenne.

[20] La Banque centrale a calculé des taux exponentiels 1920-1956 de 6,3 % pour le volume, 6,5 % pour les prix et 13,3 % pour la valeur des exportations.

prépondérant dans les fluctuations alors que les exportations agricoles sont sensiblement plus régulières. Les divers prix des produits agricoles et miniers sont généralement solidaires mais chacun d'entre eux accuse une sensibilité à la conjoncture et un rythme différents. Le Congo bénéficie ainsi de la diversité et du relatif équilibre (produits miniers et produits végétaux) de sa palette d'exportations et pourrait avoir bénéficié – à partir de 1932 du moins – d'exportations de produits relativement favorisés par rapport à d'autres pays sous-développés.

La gamme des principales matières exportées (tableau statistique 3) comporte en effet une dizaine de produits minéraux (60% du total en valeur en 1959) et une douzaine de produits végétaux (40% de ce total), ce qui est également exceptionnel parmi les pays sous-développés (généralement producteurs de quelques produits, voire monoproducteurs), particulièrement en Afrique noire au sud du Sahara (Afrique du Sud exclue). Ceci résulte au départ de l'étendue et de la situation géographique du Congo, à cheval sur l'Equateur et largement situé en zone forestière avec, en prime, la richesse minière de certaines régions. Mais la qualité de la mise en valeur coloniale n'y est évidemment pas étrangère. A la différence des pays mono-exportateurs, les revenus des exportations congolaises se trouvent ainsi protégés des fluctuations de cours d'un seul produit ou d'un groupe de produits.

La destination des exportations congolaises est diversifiée puisque le Congo est obligé de vendre sa production aux prix de la concurrence internationale.

Répartition géographique des exportations en 1959 (% en valeur)

U.E.B.L. (*)	44,4	Allemagne	5,3
Etats-Unis	10,9	Pays-Bas	2,4
Royaume-Uni	8,5	Afrique du Sud	1,4
Italie	7,5	Autres	12,8
France	5,8		

(*) dont une part appréciable ne franchit pas les frontières douanières de l'U.E.B.L., soit parce que leur destination est modifiée en cours de route, soit du fait de la réexportation après transformation

Dans les statistiques douanières belges, les importations en provenance de la colonie se situent entre 4 et 8 % du total (période 1929-1960).

2.3.2. Importations

Les importations (tableau statistique 2) enregistrent également un taux d'accroissement annuel élevé (5,11% en tonnage pour la période 1913-1959, 5,71 % en valeur pour la période 1920-1959). Leur corrélation avec le P.I.B.est moins marquée du fait de leur extrême sensibilité conjoncturelle, nettement plus forte que celle des exportations (l'écart type des exportations est de 20,3 %, celui des importations de 62,5 % sur la période 1920-1956). Ce sont donc elles qui supportent le principal impact des variations cycliques[21].

[21] *Les facteurs déterminants de la situation économique du Congo Belge*, p.5.

Principales importations en 1959

Produits	quantités(t.)	valeurs (000 F.C.)
Animaux	47.012	895.624
Produits végétaux	91.099	679.941
Industries alimentaires, boissons, tabacs	45.512	827.398
Produits minéraux	818.820	1.663.072
Produits chimiques	70.070	1.197.705
Matières plastiques, résines, caoutchouc	9.284	505.850
Papier	24.613	419.557
Matières et ouvrages textiles	22.074	1.802.362
Pierre, céramique, verre	22.104	223.965
Métaux communs et ouvrages	130.719	1.819.072
Machines et appareils	32.843	2.362.782
Matériel de transport	38.886	1.904.735
Divers	19.569	724.850
Total	**1.872.253**	**14.994.486**

Il faut remarquer que les chiffres de 1958 et, surtout, 1959 marquent une forte régression du fait de l'incertitude politique. Les biens d'équipement stagnaient depuis 1955 et reculent de près d'un quart en 1959.

La provenance des importations est plus diversifiée que la destination des exportations.

Répartition géographique des importations en 1959
(% valeur)

U.E.B.L	31,10	Pays-Bas	5,21	Kenya, Ouganda	1,70
Etats-Unis	12,9	France	4,08	Rhodésie du sud	1,53
Allemagne	9,98	Italie	4,05	Suisse	1,50
Royaume-Uni	8,66	Afrique du sud	3,40	Portugal	1,12
				Autres (*)	14,77

(*) dont les fournisseurs pétroliers

Dans les statistiques douanières belges, les exportations vers le Congo-Ruanda-Urundi (4 à 5 % du total entre 1948 et 1958) ne viennent qu'en 8e place en 1959.

2.3.3. Balance commerciale et des paiements

Sauf de 1926 à 1930, années de déficit commercial résultant des investissements importants de cette période, la balance commerciale (tableau statistique 4) du Congo est constamment positive, le maximum se situant en 1959 (+ 13,5 milliards BEF).

La balance des paiements (tableau statistique 5) est fragile pour des raisons strictement économiques étroitement liées à la conjoncture des marchés internationaux. Elle est toujours proche de l'équilibre, négative de peu en 1949 et en 1956, en chute libre en 1957 et en 1959 du fait d'abord d'une brève crise conjoncturelle, ensuite du climat d'incertitude politique précédant l'indépendance. Le solde des transactions sur marchandises et or non-monétaire est positif, celui des autres transactions courantes (transports et assurances, revenus d'investissements, transfert de migrants) est évidemment négatif. Les mouvements de capitaux à long terme généralement positifs en raison de l'importance des apports extérieurs assurent l'équilibre de la balance globale, les soldes faiblement déficitaires des apports privés étant compensés par les soldes toujours positifs des capitaux publics. L'année 1959 fait exception : le solde des capitaux à long terme est négatif du fait des retraits privés massifs (4,5 milliards FC). D'où de larges ponctions sur les réserves de change (14 milliards F.C. en 2 années, 1957 et 1959)[22].

En ce qui concerne plus particulièrement les échanges avec la Belgique, il faut remarquer que les statistiques douanières du Congo surestiment (de moitié ou des deux tiers) la part de ceux-ci du fait que la destination ou la provenance réelle des produits ou marchandises est souvent différente (re-exportation après ou sans transformation en Belgique, provenance étrangère de marchandises embarquées en Belgique pour le Congo). De ce fait, la part de la métropole dans le commerce congolais devient marginale, sauf bien entendu pour quelques secteurs particuliers (non-ferreux à l'exportation, métallurgie et fabrications métalliques à l'importation).

Par contre, en tenant compte du rôle de distribution de la métropole (boni commercial réel), de ses recettes de transport et d'assurance et des dividendes des sociétés coloniales, le Congo contribue à équilibrer les comptes extérieurs de la Belgique (voir également le point 7.4. monnaie).

2.4. Analyses sectorielles

2.4.1. Agriculture, élevage, pêche et forêts

De 1928 à 1959, le taux de croissance annuel de la production agricole commercialisée (tableau statistique 6) est au total de 5,35%, l'agriculture européenne (entreprises et colons), progresse de 7,09% alors que la production africaine, sur laquelle pèse le secteur de subsistance, n'enregistre que 4,90%.

Nous disposons d'indices des productions et des superficies sous culture pour la période 1947-1959. Ils montrent que le progrès important des cultures industrielles européennes (essentiellement les produits du palmier elaeis - huile de palme et noix palmistes- le café, le cacao et l'hévéa) résulte davantage d'une plus grande productivité (rendements à l'hectare) que de l'accroissement des superficies exploitées. Par contre, la

---

[22] HUYBRECHTS A. et ZIMMER M., *L'économie congolaise au cours de la période 1955-1960*, p. 264 et
DUPRIEZ P., *Contrôle des changes et structures économiques*, pp. 172-174.

productivité de l'agriculture africaine reste faible, même pour les cultures d'exportation, (produits de l'elaeis, coton, café, hévéa).

Il faut souligner que la stagnation de l'agriculture autochtone a des conséquences préoccupantes. L'insuffisance de la production vivrière commercialisée dans les centres extra-coutumiers et les villes, s'ajoutant à la croissance démographique et à l'accroissement des revenus congolais multiplie par 2,5 les importations de produits alimentaires destinés aux Congolais entre 1950 et 1956[23], ce qui est aberrant et manifestement en contradiction avec les objectifs du Plan décennal.

Les chiffres ci-dessous (année 1959) montrent à la fois la place appréciable et croissante qu'occupe l'agriculture d'exportation congolaise mais aussi l'écart considérable des productivités européenne et congolaise.

Produits de l'elaeis

	superficie des plantations		**production commercialisée**	
	en rapport	Jeunes	huile de palme	noix palmistes
Européens	135.182	87.326	233.272	194.194
Congolais	62.053	35.726	11.944	57.550
Total	**197.235**	**123.052**	**245.216**	**251.744**

Coton (essentiellement congolais)

Superficie	**production**
368.404 ha	179.660 t.

Café

	Robusta			**arabica**		
	superficies (ha)		**production**	**superficies (ha)**		**production**
	en rapport	jeunes	(t)	en rapport	jeunes	(t)
Européens	69.549	45.002	45.294	14.267	4.450	6.885
Congolais	19.013	24.128	6.670	3.666	3.638	1.842
Total	**88.562**	**69.130**	**51.964**	**17.933**	**8.088**	**8.727**

[23] *Les facteurs déterminants*...p.12

Cacao (essentiellement européen)

superficies (ha)		production
en rapport	Jeunes	
17.538 ha	8.248 ha	4.514 t.

Hévéas

	superficies (ha)	production (t)
Européens	47.937	36.324
Congolais	11.096	4.087
Total	**59.033**	**40.411**

En matière agricole, il est intéressant de noter que le Congo s'est hissé à un rang honorable sur les marchés mondiaux notamment pour l'huile de palme et le coton.

L'élevage (tableau statistique 7) a fait des progrès considérables, surtout celui du gros bétail (bovidés) : un peu moins d'un demi-million de têtes dans les élevages européens, un peu plus dans les élevages congolais. Le petit bétail (porcs, moutons et, surtout, chèvres) progresse en milieu rural.

La production de ces élevages est principalement destinée à la boucherie, celle des produits laitiers (lait, beurre, fromage) étant durement concurrencée par les importations.

La pêche s'est développée également, notamment la pisciculture. La pêche maritime (Pemarco à Matadi) y ajoute près de 6.000 t. en 1959 (moins de 2000 t. en 1954).

Production de la pisciculture

	production de poissons (en t.)		nombre d'étangs		superficie des étangs (ha)	
Provinces	**1958**	**1959**	**1958**	**1959**	**1958**	**1959**
Léopoldville	13.600	15.887	89.877	91.493	2.310	2.257
Equateur	25.837	26.566	352	456	111	120
Orientale	16.128	16.131	2.429	2.882	457	504
Kivu	30.187	37.259	3.742	3.742	534	534
Katanga	43.733	46.769	6.037	6.232	153	153
Kasaï	2.200	4.900	19.967	17.262	519	490
CongoBelge	**131.685**	**147.512**	**122.404**	**122.067**	**4.084**	**4.058**

Source : *La situation économique du Congo belge et du Ruanda-Urundi en 1959,* p.53.

Les ressources forestières du Congo sont énormes. La forêt congolaise est la deuxième étendue forestière au monde après l'Amazonie et représente, à elle seule, 43 % des forêts d'Afrique.

La production forestière du Congo fournit la consommation locale (construction, chauffage et bois de mines) et l'exportation (162.500 t. pour 430 millions F.C. en 1959).

2.4.2. Mines

Le taux de croissance de la production minière (quasi totalement exportée et qui représente dès lors valablement l'indice du volume des exportations minières) est de 5,65% l'an sur la période de 1920-1959.

L'importance de sa production de métaux non-ferreux et de diamant permet au Congo d'occuper une place significative sur les marchés mondiaux (chiffres 1959)[24].

---

[24] VAN MEERHAEGHE M., *Caractéristiques de l'économie*, p.471.

Diamant (industriel principalement) :	1er producteur mondial (en volume) (66 % de la production mondiale) 2ème producteur mondial (en valeur)
Cuivre : 4ème producteur mondial	(9,3 % de la production mondiale)
Zinc : 6èmr producteur mondial	(2,6 % de la production mondiale)
Cobalt : 1er producteur mondial	(39 % de la production mondiale)
Or : 13ème producteur mondial	(2 % de la production mondiale)
Etain : 9ème producteur mondial	(7,3 % de la production mondiale)
Wolfram :	(1,5 % de la production mondiale)
Manganèse :	(3,8 % de la production mondiale)
Uranium :	(7 % de la production mondiale)

Sauf le diamant (Mbuji-Mayi au Kasaï) et l'or (Kilo-Moto en Province orientale), la production minière est concentrée au Katanga, qualifié à l'époque de « scandale géologique » et auquel sa contribution aux exportations – près de la moitié – et aux recettes (taxes, redevances, dividendes) de la Colonie – environ un tiers du total (27 % pour l'UMHK seule) – donne un poids politique important.

2.4.3.Industries

La production industrielle (pour l'exportation et la consommation locale) enregistre un taux d'accroissement annuel de 12,96 % par an sur la période 1929-1959 (tableau statistique 6). Ce chiffre exceptionnellement élevé ressort clairement des indices suivants (base 1933-1935 = 100)[25].

Année	production industrielle	production minière	production agricole exportée
1936	134	118	156
1950	615	224	298
1959	1.445	340	440

Le développement industriel a bénéficié plus particulièrement de la nécessaire substitution de productions locales aux importations manufacturières d'Europe pendant la seconde guerre mondiale et de l'expansion économique qui a suivi cette guerre. C'est ainsi que les industries de produits de consommation couvrent 30 % de la demande intérieure en 1950, 44 % en 1958 [26]. On notera aussi que la productivité du travail dans l'industrie a triplé au cours des années cinquante (elle n'a que doublé dans les mines et encore moins dans l'agriculture)[27].

La gamme des productions des industries (tableau statistique 8) est relativement large, principalement basée, d'une part, sur les oléagineux et les non-ferreux exportés et, d'autre part, sur les intrants industriels de la métallurgie katangaise (produits chimiques), sur les transports (construction navale), sur la construction (ciment, chaux, brique, peintures et vernis, carrelages, bois) et sur la consommation locale (bouteilles, textiles, savon, denrées alimentaires et boissons, tabac).

---

[25] LACROIX J.L., *Industrialisation au Congo*, pp.295-296.

[26] VANTHEMSCHE G., *Genèse et portée....*, p.49.

[27] Ibidem, p.42.

Deux pôles industriels concentrent ces industries. Kinshasa doit son importance à la géographie (rupture de charge du trafic export/import par Matadi et la voie nationale) et à la concentration démographique, administrative, commerciale et de services résultant de son rôle de capitale[28]. Lubumbashi et d'autres localités du Katanga doivent leurs industries à l'exploitation minière et à la consommation locale liée à ces activités.

Le régime commercial d'ouverture et de non-protection de la métropole imposé au Congo a contribué à cette industrialisation dans la mesure où les industriels belges liés aux grands groupes coloniaux ont été incités à s'installer sur place.

En 1960, l'industrie congolaise était la plus développée de toute l'Afrique subsaharienne, immédiatement après l'Afrique du Sud.

2.4.4. Transports [29]

La géographie – relief et orographie – impose de sévères contraintes à la mise en valeur du Congo : les problèmes d'accessibilité par la mer et d'intégration – tant politique qu'économique d'ailleurs – des diverses régions doivent être résolus par la création, évidemment coûteuse, d'une importante infrastructure de transport nécessairement hétérogène. Il s'agit, au départ et pour l'essentiel, d'un chemin de fer (et ultérieurement deux pipe-lines) de Matadi à Kinshasa et des liaisons ferroviaires requises pour surmonter les discontinuités de navigabilité du réseau fluvial (réseau CFL) et pour relier le Katanga minier aux ports qui le desservent (réseau BCK). Cette infrastructure a absorbé près d'un quart des capitaux privés investis au Congo, en bénéficiant d'ailleurs de larges interventions de l'Etat.

Le réseau de transport a été étendu, renforcé et amélioré tout au long de la période coloniale. La navigabilité du réseau fluvial a été améliorée (dragages, balisage, signalisation) et l'on est passé de la vapeur

---

[28] HUYBRECHTS A., *Les industries*, pp. 404-409.

[29] L'essentiel de ce texte est extrait de HUYBRECHTS A., *Transport et structures de développement*, passim

PEEMANS J.PH., *Diffusion du progrès économique et convergences des prix – Congo-Belgique*, p.46-48.

(chauffe au bois) à la dieselisation et au remorquage à la poussée (integrated tow boats). Le rail a bénéficié d'améliorations des tracés et des caractéristiques des voies et est également passé à la dieselisation ou à l'électrification. Le parc de matériel des réseaux a été considérablement développé.

Extension des réseaux (km)

	1913	1939	1959
Fluvial	7.700	11.900	14.300
Ferroviaire	1.460	5.160	5.600
Routier	600	15.000	127.600

Parc de matériel des réseaux

		1912	1959
Fluvial	unités à moteur	41	227
	Barges	6	1.052
	tonnage (t)	3.785	318.300
Ferroviaire	Locomotives	129	415
	wagons à marchandise	1.227	9.396
		1925	**1958**
Routier	camions et camionnettes	140	21.858

Le trafic assuré par l'ensemble des réseaux a progressé (tableau statistique 9) de 7,26% par an au cours de la période 1920-1959, en étroite corrélation avec les autres indices de la croissance économique (R = 0,996 avec le PIB total, R = 0,989 avec les exportations, en tonnage).

Le coût réel du transport résultant des productivités accrues a considérablement diminué : moins 98,4% entre 1898 (fin de l'époque du portage) et 1959, moins 50% entre 1925 et 1959. C'est l'expression même du progrès économique quantitatif c'est-à-dire de la croissance.

Il est significatif que le tonnage kilométrique ferroviaire congolais (2.524 mio tkm) représentait en 1959 plus du double du chiffre correspondant pour toute l'Afrique noire française (1.226 mio tkm) et plus des deux tiers de celui de l'Afrique du nord française (Maroc, Algérie, Tunisie : 3.205 mio tkm).

Au total, les transports ont joué un rôle de tout premier plan dans la mise en valeur des ressources du Congo. Le secteur des transports représente un pourcentage du PIB plus élevé que dans les autres pays africains et les taux de croissance des trafics sont plus élevés, en corrélation étroite avec la forte croissance de toutes les séries représentatives de l'économie congolaise. Le progrès des transports n'a pas seulement largement contribué à la compétitivité des produits congolais, il a assuré l'intégration économique du pays et facilité l'unification politique découlant de la colonisation belge, la cohésion du transport restant un élément essentiel de la cohésion politique du pays.

Deux nuances doivent cependant être apportées.

La première est que le réseau de transport a été conçu pour permettre les échanges extérieurs, reflétant et confortant l'extraversion de l'économie congolaise. Il a une vocation centrifuge et n'a aucunement pour but d'irriguer le pays en permettant les échanges interrégionaux qui posent précisément problème, vu la discordance entre la géographie humaine et celle des ressources.

La seconde est que la concentration financière et l'intégration des entreprises de transport, fluvial et surtout ferroviaire, au sein des grands groupes capitalistes ont induit des monopoles régionaux à leur profit et maintenu les tarifs de transport à un niveau encore trop élevé.

Ces deux caractéristiques liées entre elles – extraversion des réseaux et situations monopolistiques régionales – ont été maintenues tout au long de la période coloniale et même renforcées au moment de la révision du Plan décennal dont les chemins de fer sont sortis nettement vainqueurs au détriment des routes.

Révision des crédits du Plan décennal (%) [30]

	prévisions initiales	**révision 1954**	**prévisions 1959**
investissements àcaractère économique	57,5	49,5	49,6
dont rail	5	9,9	9,4
Route	23,8	13,1	14,4

[30] *La situation économique du Congo belge et du Ruanda-Urundi en 1959*, tableau LXXII, p.191.

Ces politiques ont maintenu, voire renforcé, la structure extravertie de l'économie congolaise, la moindre importance accordée au marché intérieur, l'enclavement des régions rurales (qui ne sortent guère de l'économie de subsistance) et la marginalisation de l'agriculture africaine (désertion rurale et chômage urbain). La croissance coloniale a continué à être privilégiée, au détriment du développement.

2.4.5. Energie

Le potentiel énergétique du Congo est énorme. On l'a estimé en 1946 à près du double de la puissance potentielle des Etats-Unis et 13% de la puissance potentielle mondiale. Le site d'Inga, non encore exploité avant l'indépendance, en représente évidemment une très large part.

L'essentiel du potentiel utilisé est hydraulique (sauf le charbon de la Luena au Katanga, de qualité inférieure) et se trouve très concentré au Katanga[31].

Puissances installées (1957) (kw)[32]

Provinces	**puissances**
Léopoldville	52.200
Kasaï	9.740
Orientale	25.675
Kivu	14.511
Katanga	525.510
Total	**627.636** **dont environ 600.000 kw hydrauliques**

Au total, on compte une trentaine de centrales hydrauliques et une centaine de (plus petites) centrales thermiques. Pour les centrales hydro-électriques, le Katanga occupe une place dominante (centrales Francqui,

[31] Citons les autres ressources énergétiques potentielles : le bois, les schistes bitumineux (Kisangani) et le gaz du Lac Kivu

[32] MERTENS de WILMARS E., *L'énergie* , p. 1042.

Bia, Delcommune, Kalemie et, pour la moitié, Le Marinel : 258.000 kw). Viennent ensuite les provinces de Léopoldville (Zongo) et Orientale (Tshopo).

La consommation d'électricité totale atteignait, en 1958, près de 3 milliards de kwh.

A la fin de la période coloniale, les prospections n'avaient pas décelé de gisements pétroliers sur le territoire congolais (les gisements off-shore ne seront exploités qu'ultérieurement). Les hydrocarbures sont importés, soit par les ports étrangers pour l'Est et le Katanga, soit par Ango-Ango (Matadi) pour la voie nationale. Deux pipe-lines y ont été mis en service respectivement en 1914 et 1952 et sont exploités par Socopetrol (Fina : 61% ; Shell, Mobil, Texaco : 13% chacun).

Le prix réel de l'électricité a évidemment baissé à la suite des investissements considérables dans les centrales hydrauliques mais une remarque critique s'impose ici également. La participation de l'Etat dans les sociétés mixtes productrices d'électricité a eu pour conséquence de protéger des positions monopolistiques qui ont maintenu les prix du courant à des niveaux trop élevés[33].

2.5. Emploi salarié, producteurs ruraux, rémunérations

De 1920 à 1959 (tableau statistique 1) , les effectifs de la main-d'œuvre africaine progressent en moyenne de 5,1% l'an, le taux d'emploi salarié (rapport du nombre de salariés à la population active, c'est-à-dire à l'effectif des hommes adultes valides) passant au cours de cette période de 15% à près de 40%, ce qui place le Congo en tête du taux d'emploi salarié de toute l'Afrique noire (sauf un autre pays minier, la Zambie).

Cette importance de l'emploi salarié reflète l'essence même de la politique économique coloniale. Celle-ci vise en priorité l'exportation de matières premières, d'abord les ressources minières, ensuite les produits de l'agriculture européenne et, en dernier lieu, très progressivement, beaucoup trop lentement et donc trop tardivement, l'agriculture africaine, c'est-à-dire les producteurs ruraux. En outre, comme nous l'avons vu, les grandes entreprises européennes interviennent à tous les stades des activités économiques commercialisées et les producteurs congolais indépendants n'y

[33] BEZY F., op. cit., p.61.

participent que pour une faible part (la culture du coton, une moitié environ de la récolte commercialisée des fruits du palmier, à peine un dixième du café et du caoutchouc, et bien entendu tout l'approvisionnement vivrier des centres extra-coutumiers prélevé sur la production de subsistance).

L'effectif de la main d'œuvre salariée congolaise, soit 961.068 travailleurs occupés en 1959, se répartit de la façon suivante par secteur d'activité et par provinces.

Nombre de travailleurs occupés

provinces	Agri-culture	mines	Industrie	Commerce	Transports	Bâtiments	Bureaux	divers	Total
Léopoldville	29.316	472	42.296	15.295	24.412	24.480	14.986	62.504	213.761
Equateur	64.366	-	11.109	5.956	5.293	11.838	3.568	24.125	126.255
Orientale	83.089	10.934	16.666	12.332	10.304	15.042	5.511	39.670	193.548
Kivu	77.736	26.027	12.980	10.210	5.815	13.668	6.964	39.152	192.552
Katanga	15.106	26.841	16.977	14.437	19.133	14.333	11.940	31.593	150.360
Kasaï	10.129	14.458	1.772	7.360	6.443	7.873	3.751	32.806	84.592
Congo belge	279.742	78.732	101.800	65.590	71.400	87.234	46.720	229.850	961.068

Compte tenu des femmes et des enfants, la population ouvrière salariée totale atteint quelque 3,1 millions d'individus.

Trois constatations très critiques doivent être faites à propos des recrutements forcés et excessifs de main-d'œuvre dans le milieu rural, à propos des cultures obligatoires imposées à ce même milieu rural[34]et à propos de la fixation peu attrayante des prix d'achat aux producteurs ruraux au détriment du développement de l'agriculture congolaise.

Il importe de signaler que les méthodes de contrainte analysées ci-dessous ont été appliquées dans toutes les colonies africaines en raison des mêmes nécessités. Il en est ainsi par exemple en Afrique occidentale et centrale française (et, mutatis mutandis, à Madagascar)[35].

Dans ces pays, l'impôt de capitation poursuit les mêmes objectifs : financer le budget, créer une force de travail, favoriser la monétisation de l'économie.

Les cultures obligatoires concernent, suivant les pays, le coton (Tchad, RCA, Haute-Volta), le cacao (Côte d'Ivoire) ou l'arachide (Sénégal). Il s'y ajoute l'adhésion obligatoire (avec cotisation) à une Société Indigène de Prévoyance (qui prête les semences et peut prendre toutes mesures pour développer l'agriculture, l'élevage, la pêche ou la cueillette) et la création imposée de greniers de réserve (et fourniture obligatoire de mil) dans les pays sahéliens.

---

[34] Signalons ici que les aspects les plus sombres de la colonisation belge – expropriations foncières, recrutements forcés, cultures obligatoires, rémunérations insuffisantes, décomposition du milieu rural, impact démographique, prolétarisation massive – sont décrits in extenso dans le livre d'A. MAUREL, *Le Congo de la colonisation belge à l'indépendance*. Il s'agit d'un livre à thèse idéologique marxiste dont la seule justification dans une bibliographie scientifique réside dans quelques informations éparses dignes de foi (parmi un grand nombre d'erreurs et de contre-vérités manifestes).
L'ouvrage, aux indications de sources sommaires et à la bibliographie inexistante, est la reproduction inchangée en 1992 d'une première édition chez Maspero en 1962 sous le pseudonyme de Michel MERLIER. Loin d'être une étude de synthèse, comme l'affirme la préface, le livre se borne à décrire l'exploitation coloniale de façon unilatérale, systématiquement et uniquement négative (jusque dans le choix des mots) et témoignant en outre d'un anti-cléricalisme primaire. Il ne contient pratiquement pas un mot sur le bilan macro-économique en 1959, les infrastructures créées par le colonisateur, les investissements, les finances publiques, l'action médicale modèle ou l'action scolaire (critiquable à quelques égards mais globalement la plus remarquable d'Afrique noire).

[35] CLAUZEL J., *La France d'outre-mer (1930-1960)"*, pp. 165-180 et 396-397

Les prestations imposées de travaux concernent l'entretien et l'amélioration des routes et des bâtiments administratifs. Les réquisitions de main - d'œuvre approvisionnent les chantiers publics, voire des exploitations agricoles ou forestières. Ces prestations seront abolies dans les colonies françaises en 1946. Elles auront créé, en cours d'application, des conditions de vie et de travail comparables à celles du Congo belge.

2.5.1. Les recrutements forcés de main-d'œuvre

Nous ne reviendrons pas sur les abus de la période léopoldienne avant 1908, début de la colonisation belge à proprement parler. Des prélèvements forcés de main-d'œuvre, sous une contrainte sévère, d'une ampleur et d'une rigueur exceptionnelles alimentent le portage, la construction du Chemin de fer du Congo (Matadi-Stanley Pool) et constituent un impôt en nature (le seul possible) pour l'Etat Indépendant Ils s'ajoutent à la récolte de caoutchouc de lianes dans les régions qui s'y prêtent.

Sous la colonisation belge, les recrutements forcés de travailleurs marquent particulièrement deux périodes : la première entre la fin de la première guerre mondiale et la crise des années 30 (surtout entre 1920 et 1926)[36] [37], la seconde au cours de la deuxième guerre mondiale (1940-1945). Ils s'atténuent progressivement après ces dates.

---

[36] L'ampleur de ces recrutements forcés de travailleurs « réquisitionnés » est amplement documentée par MARCHAL J., *L'histoire du Congo 1910-1945,* sur la base d'archives officielles dans trois volumes relatifs respectivement à la production du cuivre et de l'or, à la construction du rail et à la production d'huile de palme. Un quatrième volume, qui devait être consacré à la production de l'étain et à la culture du coton, n'a pas été publié.

[37] Le rapport de 1924, *La question sociale au Congo,* pp. 22-97, cite le rapport de la Commission pour la protection des indigènes de 1920 qui avait fait état d'une dépopulation réelle, rapide, alarmante résultant d'une mortalité (adultes et enfants) très forte et aggravée par une dénatalité très nette. Le rapport de 1924 affirme que l'occupation européenne en est indubitablement la cause principale. Celle-ci bouleverse inévitablement en profondeur le mode de vie traditionnel des habitants (portage, corvées, impôt, travail permanent, changements brusques de régimes alimentaires, transplantation par recrutements dans un autre milieu). Elle provoque en outre la diffusion de maladies qui n'étaient précédemment qu'endémiques dans certaines régions (maladie du sommeil principalement) ou qui ont été importées par le colonisateur. Le rapport constate que la même situation prévaut dans les autres colonies d'Afrique centrale.

La première période est celle de l'expansion économique des années 1920-1930, marquée par d'importants investissements dans les transports (chemins de fer Ilebo-Bukama et Tenke-Dilolo, reconstruction du chemin de fer du Congo, réseau Vicicongo) et dans les entreprises privées (extraction et métallurgie des non-ferreux au Katanga, Huileries du Congo belge au Kasaï). Les recrutements sous la contrainte, avec l'appui de l'administration territoriale, et les conditions de travail déplorables entraînent une très forte mortalité[38], bouleversent la démographie rurale (dénatalité) et provoquent des troubles tels que la révolte des Pende (1931). En 1928, les grandes entreprises, Union Minière en tête, introduisent « une politique de stabilisation » de leur main-d'œuvre (contrats de travail de plus longue durée, interventions en matière d'habitat, de soins médicaux et d'enseignement). En 1928 également, l'épiscopat et d'autres personnalités alertent l'opinion et une commission est chargée, en 1930, d'enquêter sur les abus dans les recrutements de main-d'œuvre ; elle limite les prélèvements de travailleurs dans les milieux coutumiers en fixant des quotas à ne pas dépasser pour sauvegarder la vitalité des communautés rurales.

La seconde période est celle des années de guerre 1940-1945, marquées par un effort intense et varié pour augmenter la production de toute une série de produits essentiels pour les alliés (cuivre, étain, zinc,

---

Pour les années 1917 à 1922, le rapport de 1924 cite des taux de mortalité de 2 à 10 % pour la main d'œuvre de l'Union Minière, de 3 à 13 % parmi les ouvriers de la Bourse du Travail du Katanga et de 2 à 3,7 % parmi les soldats et recrues de la Force Publique. Il faut ajouter à ces chiffres la mortalité en cours de route et après le départ. Le rapport signale cependant une amélioration progressive de ces taux.

[38] MAKUTUNGU KUAMA MOBWA, *La mobilisation de la force du travail...*, pp. 284-287 et 420-432 reprend les chiffres des organismes recruteurs pour deux régions, le Bas Congo et le Stanley Pool. Les taux de mortalité des années 1927 à 1931 vont de 72 °/°° (maximum) à 58 °/°° (minimum) par an. Sur ces bases on peut estimer les décès pour ces deux régions à 11.000 hommes sur les cinq années concernées. Il les compare aux taux de mortalité annuelle de l'Union Minière du Haut Katanga qui sont nettement plus faibles : 45°/°° (maximum) et 12 °/°° (minimum) .

D'après Marchal (tome 2 : travail forcé pour le rail), quelque 68.000 forçats ont été mis au travail pour la reconstruction du chemin de fer de Matadi à Léopoldville (1923-1932) et le bilan serait de 7.500 morts. A titre de comparaison, la construction du chemin de fer de Brazzaville à Pointe Noire sur la rive opposée du fleuve au Congo Français (1920-1930) avait mis au travail 127.000 forçats et fait au moins 20.000 morts.

BEZY F., op. cit. pp. 34-35 cite des taux de mortalité de 12 % dans les camps d'accueil, quelque 30 % sur les chantiers.

caoutchouc, copal, café, bois). Les nouveaux prélèvements de main-d'œuvre, pour assurer cette production accrue ainsi que le recrutement de soldats et de porteurs pour la campagne d'Ethiopie, dépassent largement les limitations fixées par la commission de 1930. Ils ont des effets d'autant plus désastreux que la guerre a fortement réduit l'encadrement administratif (les effectifs et la motivation de l'administration territoriale notamment), les services sociaux et le personnel médical. En même temps, par ordonnance du 10 mars 1942, les travaux imposés dans le milieu rural sont doublés (de 60 à 120 jours par an), voire davantage[39].

Le milieu rural subit massivement l'impact de l'effort de guerre du fait de contraintes plus lourdes (travaux obligatoires et cultures imposées) et, davantage sans doute, des prélèvements massifs de main-d'œuvre. Ceux-ci font passer l'emploi salarié de 480.000 unités en 1938 à 800.000 unités en 1945. A partir de 1946, les recrutements cesseront d'être forcés mais deviendront spontanés et s'intensifieront même sous la pression de la demande des entreprises en pleine expansion (961.000 salariés congolais en 1959). Tout cela aura non seulement des conséquences négatives à court terme mais un impact à long terme sur l'économie et la société congolaise.

<u>Les conséquences immédiates</u> de l'effort de guerre sont les suivantes [40]:

---

[39] Ils seront ramenés à 45 jours en 1945 mais maintenus jusqu'à l'indépendance.

[40] Ces conséquences avaient fait l'objet, en 1943, d'une déclaration du Gouverneur général, P. Ryckmans, à l'ouverture du Conseil du Gouvernement, et d'un certain nombre d'articles dans *l'Essor du Congo* regroupés dans un volume *Dettes de guerre* publié en 1945 à Elisabethville.

Elles sont également dénoncées avec vigueur par le R.P Van Wing, S.J., membre du Conseil colonial, voir notamment :

- *La situation actuelle des populations congolaises,* Bruxelles, Institut Royal Colonial Belge, bulletin des séances 1945, XVI-3, pp. 584-605.
- *Quelques aspects de l'état social des populations indigènes au Congo belge,* Idem, 1947, XVIII-I, pp.185-201.
- *Le Congo déraille,* idem, 1951, XXII-3, pp. 609-626.

Un recueil d'études de l'Académie Royale des Sciences d'outre-mer, *Le Congo belge durant la seconde guerre mondiale* publié en 1983, en approfondit l'analyse, voir notamment :

- CORNELIS HAA, Belgisch *Congo en Ruanda-Urundi tijdens de tweede wereldoorlog. De economische en financiële situatie,* pp. 51-87.
- VERHAEGEN B., *La guerre vécue au centre extra-coutumier de Stanleyville,* pp.439-493.

- un ébranlement qui désagrège la société indigène ;
- des réactions à la contrainte sous la forme de grèves, de troubles et de mutineries (Luluabourg), voire de véritables révoltes locales (Masisi) ;
- une accentuation de l'exode rural vers les centres extra-coutumiers et les villes, affectant essentiellement les jeunes et dépeuplant les villages (où le pourcentage des hommes adultes valides deviendra parfois inférieur à 10%) ;
- une aggravation des conditions de l'habitat dans les agglomérations transformées en bidonvilles (surpopulation des parcelles, habitat urbain moins satisfaisant que l'habitat traditionnel) ;
- la résurgence de certaines endémies (trypanosomiase, lèpre, maladies vénériennes) et d'épidémies locales ;
- la disette et une certaine malnutrition résultant à la fois de l'insuffisance des importations de biens de consommation pendant la guerre, de la hausse des prix et surtout du manque de bras en milieu rural ;
- un impact négatif sur l'enseignement, réduisant la fréquentation scolaire et le nombre d'écoles dans les villages et accentuant le retard de l'enseignement professionnel dans les villes.

A plus long terme, la période de guerre a fortement marqué l'économie congolaise.

D'une part, les entreprises avaient accumulé pendant la guerre de substantielles disponibilités qu'elles pourront utiliser ensuite pour auto-financer leurs investissements. Face au tassement progressif des réserves de bras du milieu rural après l'effort de guerre d'abord et des recrutements de travailleurs par les entreprises en plein essor ensuite, les entreprises mettent alors en œuvre le facteur capital qui ne leur fait plus défaut. La productivité des entreprises minières et manufacturières le reflétera aussitôt.

- RUBBENS A.,*De naweeën van de oorlogsinspanning,* pp.579-585.
- HULSTAERT G., *Herinneringen aan de oorlog* , pp. 587-595.

D'autre part, les recrutements ininterrompus de main-d'œuvre, forcés d'abord, spontanés ensuite, créeront un important prolétariat urbain déraciné, vivant de façon précaire dans des agglomérations surpeuplées en expansion largement sauvage (surtout à Léopoldville) et totalement dépendants des emplois et salaires fournis quasi exclusivement par les entreprises européennes. Cette prolétarisation massive couplée à une urbanisation accélérée (deux records en Afrique noire) constitue une hypothèque qui se révèlera désastreuse par la suite, d'autant plus qu'en toute hypothèse, les effectifs de bras disponibles s'accroîtront plus rapidement que les possibilités d'emploi[41].

2.5.2. Producteurs ruraux

2.5.2.1. Les cultures imposées

L'agriculture africaine est incontestablement le secteur de l'économie congolaise où l'action de l'Etat colonial s'est exercée de la manière la plus directe et la plus contraignante. Le système des cultures obligatoires ou « éducatives » (les deux expressions sont également appropriées) a été introduit en 1917 à l'initiative d'E. Leplae, directeur général de l'agriculture au Ministère des Colonies et professeur à l'Université Catholique de Louvain, et a été maintenu jusqu'en 1960. Considérant la stagnation de l'économie de subsistance traditionnelle attribuée à ce qu'il qualifie d' « indolence » des indigènes (et que l'on considérerait aujourd'hui comme un rapport culturellement autre au travail et au temps…), E. Leplae a conçu la formule des cultures imposées (par contrainte et exemptions de corvées), étroitement contrôlées par l'administration territoriale. Les objectifs étroitement liés entre eux sont :

1) d'accroître l'auto-suffisance et la stabilité des populations rurales, prévenant ainsi les disettes ou famines et l'exode rural ;
2) de provoquer une certaine commercialisation à destination de l'exportation pour les cultures industrielles (produits de l'elaeis et,

---

[41] En janvier 1959, on comptait déjà à Léopoldville quelque 25.000, voire 33.000 chômeurs.
Source : BEZY F., *Les implications économiques*…p.15.

surtout, coton) ou des centres extra-coutumiers pour les cultures alimentaires (manioc, riz) ;

3) de créer des revenus monétaires permettant avant tout aux producteurs de payer l'impôt de capitation et dégageant en outre un certain pouvoir d'achat en biens de consommation.

Ce système s'est intégré dans la structure économique européenne : les produits des cultures imposées étaient vendus à des sociétés européennes qui assuraient la transformation, le conditionnement, le transport et la commercialisation des produits (égrenage du coton, huiles et tourteaux oléagineux).

Ces sociétés (Belgica, Cotonco, Lever...) jouissent d'un monopole dans la zone « protégée » qui leur est attribuée. Les prix d'achat très modestes sont fixés par l'administration (comme ils l'étaient sous le régime de l'Etat Indépendant), permettent au producteur congolais de s'acquitter de l'impôt de capitation et lui procurent en outre un petit revenu [42].

En fait, le système de commercialisation ainsi mis en place comprime les prix d'achat aux producteurs (donc leurs revenus) pour ne pas compromettre le recrutement de travailleurs et éviter d'augmenter à la fois les salaires et les prix des vivres indigènes nécessaires pour alimenter la main d'œuvre des entreprises européennes. La prise de contrôle des principales sociétés de commerce par les groupes financiers va dans le même sens[43].

Tout un secteur de l'économie congolaise (la culture du coton complètement, une part des productions de l'elaeis) a ainsi été créé sur base de la contrainte, ce qui constitue incontestablement une lourde hypothèque pour son avenir.

La politique du gouvernement et des grandes sociétés consistant à faire pression sur les prix des produits indigènes destinés à la consommation (pour empêcher la hausse des salaires) et des produits destinés à l'industrie et au commerce (pour préserver des prix de revient des

---

[42] VELLUT J.L. op. cit. pp. 63-64

[43] BEZY F., PEEMANS J.P., WAUTELET J.M., *Accumulation et sous-développement...*, p. 23.

entreprises) a ainsi systématiquement faussé la formation des prix des produits agricoles au détriment du développement agricole indigène[44].

2.5.2.2. Les paysannats indigènes

Le système des « paysannats indigènes » constitue une innovation originale, intéressante et positive de la politique agricole poursuivie au cours de la colonisation belge[45].

La formule avait été expérimentée à Gandajica dès 1936 par l'Institut National d'études agronomiques du Congo (Inéac), créé en 1933 sous l'impulsion du prince Léopold à partir de bases existantes (la Régie des plantations de la Colonie). Elle fut poursuivie au cours des années 1940-1942 et appliquée sur une grande échelle dans le cadre du Plan décennal .

L'économie d'autosubsistance et l'immobilisme séculaire du milieu traditionnel ne permettaient guère de faire progresser un milieu rural menacé par ailleurs de déstructuration du fait de l'implantation à ses côtés d'une économie européenne intensive. Le but poursuivi est primo de changer les mentalités paysannes et d'accroître les capacités d'autogestion et d'autofinancement des paysans et secundo d'augmenter les rendements de l'agriculture africaine, de mieux l'intégrer dans les circuits économiques modernes, de relever les revenus et les niveaux de vie de la population rurale, tout en la stabilisant sur son terrain (en réaction à la fois aux cultures itinérantes et à l'exode rural), en respectant dans toute la mesure du possible les techniques agricoles et les cadres sociaux traditionnels ainsi que le principe coutumier de l'inaliénabilité des terres. Il fallait donc remplacer les structures anciennes par des formes nouvelles : faire disparaître des modes de cultures extensifs qui pouvaient entraîner la destruction parfois irréversible des sols au profit d'une agriculture plus intensive préservant le potentiel de production de ces sols. Après prospection (politique, sociologique, pédologique et technique), des terres suffisamment fertiles étaient loties en bandes parallèles et attribuées aux familles rurales (par usufruit indéfini dans le temps mais défini dans l'espace) installées côte à côte. Après défrichement d'une première bande de terrain et une première

---

[44] Voir notamment VAN WING J. *Quelques aspects*…,pp.187-188. et BEZY F., *Principes pour l'orientation*, pp.43-45.

[45] STANER P., *Paysannats et vie rurale*, pp. 413-418.

année de culture, défrichement et culture continuaient en rotation adéquate (succession de cultures et de jachères prolongées). Un appui technique assurait la mécanisation progressive des travaux pré- et post-culturaux, la rotation des jachères et la diversification appropriée des cultures ainsi que la commercialisation des produits. Ce système semblait constituer la formule la moins coûteuse, la moins révolutionnaire et la plus rapidement réalisable pour atteindre les objectifs d'intensification de l'agriculture africaine.

En 1959, le système des paysannats touchait quelque 10 % de la population rurale : sur un total d'environ 2.500.000 familles rurales, 215.075 avaient été installées dans des paysannats à dominance de cultures annuelles (cultures vivrières–riz, maïs, arachides, manioc–et coton) pratiquement dans toutes les provinces sur environ 1.400.000 ha. Quelque 9.700.000 ha avaient été prospectés en vue d'établir des « paysannats de base » (cultures annuelles essentiellement) et 800.000 ha pour des paysannats de plantations permanentes. Il faut y ajouter 50.000 familles ayant établi hors paysannat des plantations arbustives (90.000 ha de palmiers à huile, 40.000 ha de caféiers, 20.000 ha d'hévéas).

Mais ces résultats sont loin de correspondre aux prévisions du Plan décennal du fait de la réduction des crédits initialement prévus et pour toute une série d'autres raisons. Citons parmi celle-ci l'insuffisance des informations statistiques ou socio-économiques, la hâte et l'improvisation de l'administration sous pression de la hiérarchie, l'inertie ou le traditionalisme du milieu rural, la résistance passive des pouvoirs coutumiers vis-à-vis d'une mise en œuvre trop paternaliste ou autoritaire (se traduisant notamment par des confusions concernant les droits de propriété coutumiers de clans voisins débouchant inévitablement sur des palabres interminables sinon insolubles) et l'insuffisance des prix d'achat des produits aux producteurs.

Paysannats indigènes (cultures annuelles) au 31.12.1959[46]

Provinces	prospection (ha)	fermettes loties	paysans participants(total)
Léopoldville	214.900 *	700	2.740
Equateur	2.016.071	37.411	20.771
Orientale	4.788.382	109.153	81.171
Kivu	750.000	39.778	33.307
Katanga	1.588.900	33.629	24.354
Kasaï	500.000	60.000	52.732
Congo	**9.658.253**	**280.671**	**215.075**

*les conditions géographiques et foncières de la province de Léopoldville ne se prêtent pas à l'installation de vastes lotissements de cultures annuelles.

2.5.3. Rémunérations

Il est clair, au départ, que les revenus des Congolais, rémunérations des travailleurs salariés ou recettes des petits producteurs ruraux, sont très peu élevés pour des raisons tenant à la fois à leur faible productivité, à l'impératif de compétitivité de l'économie congolaise non-protégée et dépendant étroitement des marchés internationaux et, bien entendu, au contexte d'exploitation coloniale qui veut disposer d'une main d'œuvre abondante et à bon marché et qui, à cette fin, maintient au plus bas les prix des vivres et produits indigènes destinés au commerce et à l'industrie. Ces rémunérations ont le mérite, si l'on peut dire, d'exister, de fournir un très grand nombre d'emplois et un pouvoir d'achat faible mais effectif, mais surtout d'être orientées nettement à la hausse, du moins au cours des 15 années précédant l'indépendance.

Il est peu éclairant de citer des chiffres de salaires en espèces, par ailleurs épars et disparates à tous égards (chronologiquement, géographiquement ou pour une série d'autres raisons), mal comparables entre eux ou avec des chiffres supposés leur correspondre dans d'autres pays africains. Il en est a fortiori de même en ce qui concerne les revenus des producteurs ruraux.

A la fin de la période coloniale, une estimation du revenu monétaire annuel des agriculteurs « coutumiers » s'étend de 400 dans les

[46] DRACHOUSSOF V., *Le développement rural en Afrique centrale…*, vol II p. 942.

régions les plus écartées et pauvres à 5.000 FC dans les régions les plus favorisées. Les agriculteurs pratiquant les méthodes extensives gagnent de 2.000 à 15.000 FC par an et ceux qui pratiquent une agriculture semi-intensive ou intensive perçoivent de 10.000 à 25.000 FC[47].

Pour les années 1950-1958, période qui a connu une prospérité et une croissance exceptionnelles et qui est aussi la plus proche, donc la mieux connue et la mieux pourvue en statistiques, il apparaît que :

- Globalement, le revenu monétaire de la population congolaise (dont les effectifs ont augmenté de 2,43 % par an, soit 19,5 % au cours de cette période) augmente de 107 % (en progression continue, sans temps d'arrêt, ni régressions) et son revenu réel de 85,8 %, compte tenu de 21,2 % d'augmentation du coût de la vie. La part des Congolais dans le Revenu National passe de 46 à 58 %[48].

-Globalement toujours (salariés et non-salariés), la consommation des Congolais – c'est-à-dire la valeur réelle de leur consommation pondérée par l'index du coût de la vie – augmente de 77 % (les chiffres correspondants étant de 55 % pour la consommation européenne et de 80 % pour la consommation publique).

-Cet accroissement est confirmé par des indications concrètes, tel le nombre de vélos qui passe de 50.000 en 1946 à 700.000 en 1956.

-Le revenu nominal moyen du salarié congolais passe de 100 à 237, soit plus du double en termes réels, compte tenu de la hausse des prix de quelque 20 %[49].

-Suivant une autre source[50], l'indice du coût de la main d'œuvre congolaise a évolué comme suit de juillet 1950 (indice 100) à juin 1959.

---

[47] DRACHOUSSOF Vl. *Le développement de l'agriculture autochtone congolais*, pp.263-264.

[48] Rappelons cependant que la part des Congolais fait vivre 14,5 millions d'habitants, la part européenne rémunère moins d'un pour cent de la population (115.000 résidents) et les entreprises, des plus importantes aux plus petits établissements.

[49] VANTHEMSCHE G., Genèse et portée...., p.48.

[50] *La situation économique...1959*, p. 186-187.

provinces	rémunération totale	salaire payé en espèces
Léopoldville	240	260
Equateur	240	233
Orientale	252	289
Kivu	244	319
Katanga	304	372
Kasaï	282	295
Congo	**263**	**300**

Les rémunérations ont donc été multipliées par 2,63 et l'on note une évolution vers le paiement intégral en espèces.

- L'éventail des salaires est très large, entre salaire minimum et maximum et d'une province à l'autre.

Salaires effectifs au 01.01.59 (F.C. par jour)

provinces	Minimum	Maximum	Dominante
Léopoldville	14	39	15
Equateur	16	23	17
Orientale	14	26	15 et 17
Kivu	11	24	12
Katanga	19	40	21
Kasaï	12	20	17
Congo	**11**	**40**	**17**

Les minima se situent logiquement dans les provinces les moins développées, au Kivu (pression des colons) et au Kasaï, les maxima dans les provinces les plus industrialisées.

Les revenus des salariés et leur taux d'accroissement sont largement supérieurs à ceux des non-salariés. Le salaire par homme adulte valide augmente de 142 %, celui des non-salariés de 51 %. La part des salariés dans la population totale passe en même temps de 22,7% à 27,9 %.

Les salaires payés aux ouvriers agricoles par les entreprises européennes sont très inférieurs (de 40 à 60 %) aux salaires dans les entreprises minières ou manufacturières.

Une comparaison des revenus indigènes du Congo avec ceux de l'Afrique équatoriale française (AEF), de la Fédération des Rhodésie et Nyassaland et du Kenya [51] indique que les revenus congolais sont nettement moins élevés en ce qui concerne les non-salariés, et égaux (AEF) ou supérieurs (Fédération Rhodésie-Nyassaland) pour les salariés. La comparaison avec le Kenya est à l'avantage du Congo tant en ce qui concerne les salariés que les non-salariés.

Il faut remarquer cependant que la législation sociale congolaise en vigueur à la veille de l'indépendance est extrêmement fournie, s'étendant à l'apprentissage, au louage de services, aux allocations familiales, aux accidents du travail, aux maladies professionnelles, à la maladie-invalidité, aux pensions, aux soins de santé, à la durée du travail (5 à 5 ½ jours par semaine, 8 heures par jour) et au règlement d'entreprise. On peut considérer qu'elle est à ce moment la plus complète et la plus généreuse d'Afrique noire. Il faut citer en particulier le régime de pension de vieillesse pour les travailleurs (organisé par décret du 6 juin 1956) qui est en avance sur tous les pays d'Afrique centrale[52].

On sait par ailleurs que le Congo ne connaissait pas d'obstacle – à la différence de la Rhodésie du Nord par exemple – à l'accession des Congolais à un certain nombre de fonctions et d'emplois qualifiés, que les grandes sociétés (principaux employeurs de main d'œuvre salariée) assuraient le logement de leurs travailleurs, les soins médicaux et l'enseignement primaire et professionnel à leurs familles.

2.6. Investissements

Les investissements tant privés (apports de capitaux extérieurs et autofinancement des entreprises congolaises) que publics (emprunts et recettes du budget ordinaire) ont été considérables au Congo (plus importants que dans la plupart des pays africains). On peut les estimer au total à quelque 190 milliards FC à la fin de la période coloniale.

---

[51] *Le revenu des populations indigènes du Congo, Léopoldville,* pp. 35-81.

[52] ORBAN P., *Législation sociale*, in *Livre Blanc,* pp. 329-339.

Entre 1920 et 1956, le taux annuel d'accroissement des investissements fixes est de 5,3 %. Les investissements sont, bien entendu, très sensibles à la conjoncture : en basse conjoncture, ils n'atteignent que 12 % de la dépense totale (période 1932-1935), en haute conjoncture, ce chiffre atteint 30 et même 35 % (périodes 1925-1929 et 1948-1956)[53]. Ils représentent, suivant les périodes, de 15 à 32 % du PNB (par exemple : 15 milliards FC par an de 1950 à 1957, correspondant à 27,5 % du Produit national) [54] et progressent de la façon suivante :

1887-1928	15,5 %
1929-1938	8,8 %
19391948	11,3 %
1949-1957	64,4 % du total (francs 1957)

On remarquera le poids considérable de la dernière période, particulière à plus d'un titre, correspondant à une prospérité exceptionnelle et à la mise en œuvre du Plan décennal auquel le secteur privé s'est associé plus largement que prévu.

2.6.1. Investissements privés

Des investissements privés massifs ont soutenu la croissance de l'économie congolaise (à la différence notamment de l'espace colonial français en Afrique noire, dont les investissements de 1946 à 1955 – pour un montant comparable aux investissements belges – furent pour 80 % d'origine publique).

En effet, pendant la majeure partie de cette période, le dynamisme du capitalisme belge et surtout de quelques grandes entreprises – la Société Générale de Belgique en tête – est remarquable : des entreprises audacieuses, ne reculant pas devant le risque (que le soutien de l'Etat diminue cependant très souvent), structurées en groupes puissants s'appuyant le plus souvent sur des organismes financiers, recrutant

[53] *Les facteurs déterminants*...pp.8-9.
[54] VANTHEMSCHE G., *Genèse et portée...*, p.48.

efficacement leurs cadres et réussissant à préserver leur liberté d'action – choix des investissements et gestion – à l'égard de l'Etat (quand l'Etat ne s'efface pas pour leur laisser le premier rôle)[55].

Un premier afflux de capitaux privés intervient au cours des années 1920. Il est suivi d'une nette stagnation résultant de la dépression et de la guerre puis d'un redressement spectaculaire déjà signalé ci-dessus. Au total, les apports de capitaux privés enregistrent un taux de croissance exponentiel annuel de 5,88 % sur la période 1898-1959, de 4,22 % sur la période 1920-1959, à travers une forte instabilité conjoncturelle[56].

De 1885 à 1960, les investissements privés peuvent être estimés à 118 milliards FC, dont 90 % provenant de Belgique et le solde essentiellement du Royaume-Uni (UMHK et Lever), des Pays-Bas et des Etats-Unis (Forminière)[57]. Vu l'importance de l'auto-financement des entreprises, le Congo Belge lui-même contribue pour plus de la moitié à ces investissements.

Quelques 600 sociétés représentaient l'essentiel des capitaux investis[58]. On recensait en 1956 une quarantaine de milliers d'établissements commerciaux, industriels et agricoles, dont quelque 11.000 appartenant à des Belges, 14.000 à des étrangers non-africains (portugais et grecs notamment), 2.000 à des africains de colonies voisines et 14.000 à des Congolais. On notera le maigre développement des entreprises congolaises (commerce, artisanat…)[59].

2.6.2. Investissements publics

Deux programmes d'investissements publics importants ont été mis en œuvre au cours de la période coloniale.

Le premier est le « Plan Franck » lancé par le ministre Louis Franck en 1920. Ce programme prévu pour dix ans et estimé initialement à 660 mio F.C. (ce qui aurait été comparable en termes réels au Plan décennal 1940-1950) a été en réalité moins ambitieux. Il ne concerne essentiellement que l'infrastructure des transports et ne comporte aucune intervention dans

---

[55] STENGERS J., *La Belgique et le Congo*, p.409.
[56] HUYBRECHTS A., op. cit,. pp. 243-245.
[57] VAN MEERHAEGHE M., op. cit ., p. 468.
[58] *Statistiques des mouvements de capitaux…*
[59] *Guide du voyageur…*p.88.

le domaine social (enseignement et santé). Il a été financé de 1920 à 1925 par des avances du budget belge (75 mio F.C. par an) remboursables en principe mais qui n'ont en fait pas été remboursées[60].

Le second, beaucoup plus important et largement diversifié est le « Plan décennal 1949-1959 »[61]. Sa conception remonte au lendemain de la seconde guerre mondiale où le Congo se trouvait marqué, tant dans ses infrastructures éprouvées que dans sa population épuisée, par l'effort productif fourni pendant les hostilités. Le ministre Pierre Wigny fut le promoteur d'un programme de développement économique et social accepté en 1947 et dont les travaux préparatoires au Congo et à Bruxelles prendront deux ans. Le secteur privé colonial n'a pratiquement pas participé à la préparation du Plan, le considérant au départ comme trop ambitieux et largement irréaliste. Par contre, comme nous l'avons dit, la contribution des investisseurs privés dépassera ce que les autorités coloniales avaient prévu et, par ailleurs, les sociétés coloniales profiteront amplement de la mise en œuvre du Plan.

Les responsables politiques et administratifs de la Colonie, tant au Congo qu'à Bruxelles, avaient pris conscience de la structure « duale » de la société et de l'économie congolaise : extraversion et fragilité de l'économie d'une part, conditions de vie déplorables de la population congolaise d'autre part. Le programme mis sur pied est ambitieux : les intentions premières des concepteurs du Plan sont, primo, d'atténuer l'extraversion et la dépendance de l'économie congolaise par le renforcement de la demande et du marché intérieurs, notamment en développant l'agriculture africaine, en relevant le pouvoir d'achat des Congolais et en stimulant les industries locales de transformation et, secundo, de subvenir aux besoins élémentaires de la population (soins et enseignement) inséparables du développement économique mais indépendamment des seules considérations de profit des sociétés coloniales.

Le montant des crédits prévus au Plan était initialement de 25 milliards F.C. Deux révisions en 1954 et en 1958 le porteront successivement à 48 puis à 51 milliards F.C. (dont près de 86 % seront

---

[60] STENGERS J., *Combien le Congo a-t-il coûté à la Belgique ?*, pp. 87-97.

[61] VANTHEMSCHE G, - *Genèse et portée...*,.passim

- *Le Plan décennal et la modernisation du Congo belge (1949-1959)*, pp. 104-107.

effectivement liquidés, soit près de 44 milliards F.C.). Le détail est indiqué au tableau statistique 10.

Dans les premières prévisions (1948), l'extension et la modernisation des transports absorbaient la moitié des montants prévus, dont 23,8 % pour les routes (12.235 km à réaliser) et 5 % seulement pour le rail. L'agriculture prenait 5,4 %, les autres secteurs (logement, fourniture d'eau et d'électricité, production d'électricité, hygiène et médecine, instruction, services publics) chacun un peu plus de 7 %, l'urbanisme et les bâtiments civils 4,7%. Les réalisations effectives (prévisions 1959) sont assez différentes. Le réseau routier est considérablement amputé (1.700 km réalisés, 900 km en voie d'achèvement) et n'absorbe plus que 14,4 % des crédits. Le rail voit son pourcentage doublé (9,4 %). Les crédits de l'urbanisme et des bâtiments civils sont multipliés par 7 et passent de 4,7 % à 16,4 % du total. L'agriculture reste à 5,8 % mais l'agriculture indigène au sens strict (hors recherches agronomiques et autres sous-secteurs) passe de 3,1 % à 2,2 % des crédits utilisés. Le programme agricole essuie, lui aussi, un grave échec : c'est ainsi que 56 % seulement du nombre de parcelles à lotir (cultures annuelles) suivant le Plan décennal seront effectivement loties (280.671 sur un objectif de 496.580)[62].

Finalement, les acquis du Plan décennal sont remarquables : d'importantes infrastructures (transports, électricité, bâtiments publics), une intensification de l'effort médical (la capacité hospitalière se trouve doublée) et de l'enseignement. Le secteur européen (mines, agriculture, industrie) bénéficie d'une impulsion exceptionnelle. Par contre, l'agriculture africaine reste nettement à la traîne, plus marginalisée que jamais. L'indice de la production agricole africaine ne croît que faiblement (1947-49 =100, 1959 = 139), à la différence des indices des productions agricoles européennes, industrielles ou minières[63]. D'où l'explosion des importations alimentaires, plus que doublées au cours de la dernière décennie de la colonisation. Ainsi, l'extraversion se trouve renforcée et le marché intérieur moins étoffé que prévu, même si les revenus africains ont été nettement relevés (la consommation intérieure a plus que doublé mais ce sont les salariés et surtout les salariés urbains et extra-coutumiers qui en bénéficient et non les ruraux). En outre, l'endettement public se trouve

---

[62] INFORCONGO, *Le Congo belge,* tome 2, p. 137.
[63] VANTHEMSCHE G., *Genèse et portée...*, p.49.

considérablement augmenté, les dépenses du Plan décennal ayant été couvertes à raison des quatre cinquièmes par des emprunts. Un programme 1960-1969, en cours d'élaboration avant l'indépendance et prévoyant des crédits de l'ordre de 60 milliards F.C. allait reprendre et même renforcer les objectifs de départ du Plan précédent : réduire l'extraversion et développer le marché intérieur en augmentant les revenus des Congolais et en agissant par priorité sur l'agriculture indigène.

Comparaison des deux Plans décennaux[64]

	Plan 1950-1959 (*)		**Plan 1960-1969**	
	mio F.C	%	mio F.C.	%
transports et télécommunications	22,5	46,3	22	36,5
Développement agricole	3,1	6,4	8,3	13,7
eau et électricité	5,6	11,7	3,5	5,8
Logement	2,9	6,1	7	11,6
enseignement et santé	7,1	14,6	12,9	21,3
services publics et équipements administratifs	7,3	14,9	6,7	11,1
Total	**48,8**	**100**	**60,5**	**100**

(*) Chiffres d'avant la seconde révision du Plan

2.7. Finances publiques

2.7.1. Budgets

2.7.1.1. Budget ordinaire

L'équilibre budgétaire constitue la règle d'une gestion d'autant plus prudente des finances publiques coloniales que celles-ci sont soumises à deux contraintes sévères : d'une part, la séparation financière de principe avec la métropole et, d'autre part, la forte sensibilité conjoncturelle de l'économie coloniale extravertie et dépendante de l'évolution des marchés internationaux des matières premières.

Les budgets (tableau statistique 11), le plus souvent en déficit avant 1919 en raison d'abord des difficultés qu'avait connues l'E.I. et

[64] STANER P., *Le nouveau Plan décennal*, p.5.

ensuite, après deux années plus favorables (1911 et 1912), de l'impact de la première guerre mondiale. Deux années positives (1919 et 1920) sont suivies d'évolutions diverses jusqu'en 1930-1933 en raison de la crise (déficit cumulé de plus de 650 mio F.C.), en rétablissement ensuite. En 1937, le déficit cumulé atteint 1,7 milliards. Il sera couvert par les surplus antérieurs à 1930 (71 mio), par emprunt (586 mio), une subvention de la Belgique (728 mio) et l'expédient de l'attribution au Congo des bénéfices (315 mio) de la Loterie coloniale (qui couvrira également les déficits prévus pour 1938 et 1939 – 315 mio) [65].

De 1939 à 1956, le budget est constamment en boni. Le Congo finance le budget de guerre (3 milliards F.C.), le gouvernement belge en exil et le service de la dette belge. Ces dépenses s'élèvent à quelque 6 milliards qui ne seront remboursés par la métropole que partiellement et par substitution de dette [66]. Des bonis cumulés importants (14,3 milliards en 1956) financeront le budget extraordinaire et une partie des crédits du Plan décennal.

Les déficits commencent en 1957 à la suite de l'alourdissement des dépenses récurrentes résultant des investissements du Plan décennal, de dépenses (d'inspiration politique) en faveur de l'enseignement officiel, du service des emprunts contractés pour financer le Plan décennal et de l'incertitude précédant l'indépendance. Le budget de 1957, présenté en équilibre, se termine en fait par un déficit de près de 600 mio FC. Les budgets de 1958 et 1959 donnent lieu à des déficits de 2,5 et 3,1 milliards FC. Deux subventions de la Belgique interviennent en 1959 (500 mio) et 1960 (2,7 milliards).

La pression fiscale (1950-1956) va de 16 à 19% du PNB en recettes et de 13 à 17% en dépenses.

Il est intéressant de savoir ce que représente l'impôt indigène dans le budget du Congo[67]. Cet impôt répond à la nécessité pour tout Etat (et l'Etat Indépendant du Congo bien évidemment) de prélever sur la population tout ou partie des ressources nécessaires à son existence et à son développement. Sous l'E.I.C, il est perçu sous forme de travail ou de

---

[65] MOELLER de LADDERSOUS A., *Régime financier, monétaire et budget*, pp. 303-304.

[66] STENGERS J., *Combien le Congo a-t-il coûté à la Belgique*, pp. 133-143.

[67] HEENEN G., *Les finances du Congo belge*, pp. 274-275, 287 et 301.

LECLERCQ H., *Un mode de mobilisation des ressources : le système fiscal. Le cas du Congo pendant la période coloniale*, pp. 99, 111,131.

prestations en nature (copal, caoutchouc) car la population n'a pas de revenus monétaires. Les recettes correspondantes progressent de moins d'un million en 1882 à 16,5 millions en 1905 et resteront à ce niveau ensuite. Elles représentent au départ un peu plus d'un cinquième des recettes ordinaires, ensuite plus de la moitié. A la reprise du Congo par la Belgique, l'impôt de capitation en numéraire est substitué aux prestations en nature et en travail. Il est imposé à tout homme adulte valide à un taux déterminé par le Gouverneur Général pour chaque région et varie d'après les ressources et le degré de développement économique de la population. Un impôt supplémentaire est imposé aux polygames. Les recettes de l'impôt indigène qui représentent encore 21 % des recettes ordinaires en 1920 régressent à 15 % en 1925, 13 % en 1940 et moins de 2,5 % à la fin de la période coloniale, soit une centaine de francs par contribuable[68].

2.7.1.2. Budget extraordinaire

De 1908 à 1915, les budgets extraordinaires totalisent une centaine de millions de francs-or. Ils disparaissent de 1916 à 1919, représentent 20 mio F.C. en 1920. A partir de 1921 et jusqu'en 1939, les budgets extraordinaires (incluant le programme Franck) totalisent 6,5 milliards F.C[69].

De 1939 à 1949, le budget extraordinaire couvre toutes les dépenses d'investissements publics ainsi que les acquisitions de valeurs mobilières, foncières et immobilières et les dépenses de défense. A partir de 1950, début de la mise en œuvre du Plan décennal, il comporte deux chapitres, l'un pour des dépenses extraordinaires non prévues dans le Plan (Portefeuille, acquisitions mobilières, foncières et immobilières et dépenses de défense) et l'autre affecté au Plan décennal. A partir de 1960, deux nouveaux chapitres sont établis ; l'un pour les projets financés par le Fonds Européen de Développement (FED), l'autre pour les projets du second Plan décennal.

Le budget extraordinaire est couvert par les bonis du budget ordinaire et des emprunts publics.

---

[68] *Annuaire statistique de la Belgique et du Congo Belge*, 1959, p.574.
[69] HEENEN G., op. cit., p. 331.

Les chiffres relatifs au budget extraordinaire se trouvent au tableau statistique 12. On se référera par ailleurs au point 6.2. « Investissements publics » de ce texte.

2.7.1.3. Trésorerie

La trésorerie reste abondante sur toute la période de 1940 à 1956, du fait de la prospérité économique, de la gestion budgétaire mesurée et de l'aisance du marché financier. La progression des dépenses ordinaires et extraordinaires, résultant d'une courte dépression économique (1957-1958) mais essentiellement de l'incertitude politique, inverse l'évolution, surtout à partir de 1959 et la trésorerie est exsangue au 30.04.60.

Situation du trésor (en mio FC.) [70]

31.12.55	8.853	31.12.58	7.548
31.12.56	10.113	31.12.59	680
31.12.57	5.326	30.04.60	630

2.7.2. Dette publique

En 1908, la dette publique du Congo s'élève à 235,4 mio FC. Au cours des années 30 elle atteint quelque 6 milliards.

Dette publique

	31.12 .34	**31.12.36**	**31.12.39**
Consolidée	2.363,6	4.050,3	3.993
Flottante	1.422,3	1.076-	450
Indirecte	2.604,1	1.528,4	1.369
Total	**6.389,6**	**6.654,7**	**5.842**

Par la suite, la dette publique directe – dette consolidée (emprunts) plus dette flottante (Bons du Trésor)[71] - reste à un niveau très

[70] ZIMMER M., *Les finances coloniales jusqu'en 1960,* p.982.

modéré de 1939 à 1949, point le plus bas (tableau statistique 13). La dette consolidée s'accroît ensuite (1950-1960) avec l'exécution du Plan décennal, financé à raison des quatre cinquièmes par des emprunts à long terme (montant multiplié par 12) et la dette flottante se trouve multipliée par 14,5. L'endettement total est multiplié par 12,5, atteignant 46 milliards FC à la veille de l'indépendance (34,6 pour la dette consolidée, 11,9 pour la dette flottante)

Les charges de la dette évoluent comme suit (en mio FC.).

1908	4,8	**1927**	110	**1937**	256
1919	14,2	**1933**	298	**1938**	225
1925	65,7	**1936**	374	**1939**	209

Elles[72] absorbent 22% du budget ordinaire en 1920, 18% en 1930, 6% en 1950 avec la seule exception de la période de guerre (41% du budget ordinaire en 1940). Elles augmentent fortement (multipliées par 19) de 1950 à 1960, finissant par représenter 20% du budget ordinaire prévu pour 1960[73].

2.7.3. Portefeuille

Nous avons vu que l'existence d'un portefeuille de participations de la Colonie dans les grandes sociétés coloniales (au départ, les transports, les mines et les pouvoirs concédant principalement, d'autres après 1940) est une originalité de la colonisation belge, fruit de la politique de Léopold II, reprise et étendue par les autorités coloniales belges. Ce portefeuille concrétise l'association des pouvoirs publics dans l'exploitation des ressources de la Colonie. Ce portefeuille procure déjà des revenus à l'Etat Indépendant : 650.000 F.Or en 1898, près de 3 millions en 1900 et ce montant se maintiendra à ce niveau jusqu'à la reprise du Congo par la Belgique[74].

[71] Il faudrait ajouter la dette indirecte constituée des capitaux dont l'intérêt est garanti par la Colonie (principalement des sociétés de transport). Elle s'élevait à 9.167 mio FC en 1957

[72] HEENEN G., op. cit., p. 322.

[73] HUYBRECHTS A. et ZIMMER M., *L'économie congolaise au cours de la période 1955-1960*, p.268.

[74] HEENEN G., *Les finances du Congo belge*, p. 271.

Année	Estimation de la valeur (mio F.C.)	revenus (mio F.C.)
1937	3.600	88
1940	---	91
1943	9.000	---
1949	8.900	---
1950	10.466	---
1951	13.292	---
1952	16.563	453,5
1953	20.765	---
1954	25.050	---
1955	28.514	1.215
1956	31.125	1.466
1957	35.629	1.895
1958	37.530	1.568
1959	37.315	1.198,4

L'évolution (1952-1959) de la valeur estimée et celle du montant des revenus sont à peu près identiques. La valeur du portefeuille couvre la dette publique directe à 85%, la seule dette consolidée à 104%. Les revenus du portefeuille représentent environ 10% des recettes budgétaires (années 1956 à 1958).

2.7.4. Monnaie.

L'Etat Indépendant du Congo avait été doté d'un système monétaire propre et organisé par décret du 27.07.87. L'unité monétaire, le franc, était rattaché à l'or (avec le même contenu que le franc belge). L'émission était assurée par l'Etat lui-même.

Après la reprise du Congo par la Belgique, la Banque du Congo belge reçoit en 1911 le privilège d'émission. Le Congo a sa propre réserve de devises, distincte de celle de la Belgique : la Banque du Congo belge est tenue d'avoir une encaisse (en or ou en devises dures) égale au moins à 40% (dont la moitié au moins en or) du montant de ses billets et monnaies fiduciaires métalliques en circulation.

Le franc congolais a toujours été traité au pair du franc belge et a suivi toutes les vicissitudes de celui-ci (dévaluation de 1919, 1926, 1935, 1940 et 1949). Cette politique monétaire constamment réaffirmée par le Gouvernement servait les intérêts de la métropole : abstraction faite de l'aspect politique (souligner l'unité de l'empire colonial), elle facilitait les transactions commerciales et financières entre la Belgique et le Congo et renforçait l'interpénétration des deux économies (supprimant un « obstacle non-tarifaire » au seul profit de la Belgique et contournant ainsi en quelque sorte les dispositions de la Convention de Saint-Germain-en-Laye). Cette politique a donc fait l'objet à plusieurs reprises de polémiques préconisant une réelle autonomie du franc congolais en considération du fait que la parité des deux monnaies jouait parfois au détriment du Congo. En effet, le franc congolais était souvent plus solide que le franc belge et sa dévaluation, non justifiée par des considérations propres au Congo, augmentait le prix des importations et réduisait le pouvoir d'achat des coloniaux et des Congolais[75].

Un institut d'émission, la Banque Centrale du Congo belge et du Ruanda-Urundi reprend l'émission monétaire par décret du 30 juillet 1951. En 1952, l'encaisse or et devises est fixé à 25% du total des engagements à vue de la Banque Centrale. La parité fixe entre les francs belge et congolais est maintenue.

---

[75] Voir notamment :

- MOELLER de LADDERSOUS A., op.cit.,pp.321-325.
- *L'évolution historique du franc congolais*...pp.444-449.
- VANTHEMSCHE G.

3. **Bilan économique**

Rappelons au préalable que la colonisation belge (1908-1960), couvrant un territoire immense, enclavé et à peine prospecté au départ, ne s'étend que sur une période extrêmement courte - moins d'une vie d'homme - et dont il faut déduire une mise en place progressive après l'Etat Indépendant, deux guerres mondiales et la grande crise des années trente.

3.1 Croissance économique et réalisations

Au cours du demi siècle de colonisation belge, l'économie congolaise bénéficie d'une croissance exceptionnellement soutenue et rapide. Elle connaît une progression très élevée de ses exportations, constituées d'une gamme largement diversifiée de produits surtout miniers mais également agricoles. Certains de ces produits donnent au Congo une place significative sur les marchés mondiaux des matières premières. Les industries minières, agricoles et manufacturières connaissent elles aussi une expansion exceptionnelle, par comparaison avec les autres pays d'Afrique noire.

Une infrastructure impressionnante et performante, une fois de plus unique en Afrique noire au sud du Sahara, a été établie, notamment et surtout en matière de transports fluviaux, ferroviaires, routiers et d'énergie, principalement hydro-électrique.

Les investissements ont été considérables et judicieux dans la mesure où ils ont accru les capacités de production. D'importants investissements publics ont été financés, essentiellement sur les ressources propres de la Colonie et, en complément, par emprunts. On doit signaler en particulier le Plan décennal dont les réalisations sont remarquables dans l'ensemble. Les investissements privés, provenant majoritairement au départ des grands groupes financiers belges et autofinancés ensuite pour plus de la moitié par les entreprises congolaises elle-mêmes, sont mis en œuvre par des entreprises dynamiques. Le Congo a donc financé son expansion sur les ressources propres du territoire, judicieusement mises en valeur.

Les finances publiques, gérées de manière extrêmement mesurée, sont restées pratiquement toujours en équilibre. L'endettement public ne s'est trouvé alourdi qu'à la fin de la période coloniale en raison du financement du Plan décennal et du fait de l'incertitude politique des dernières années mais il était couvert à 85 % par le Portefeuille de participations détenu par la Colonie.

Au terme de cette période, l'économie congolaise a donc connu une progression quasi ininterrompue et s'est solidement équipée. Elle se trouve dans une situation fondamentalement saine, même si l'incertitude politique a eu un impact financier négatif (arrêt ou étalement des investissements privés, réserves de change et trésorerie exsangues, déficit du budget, alourdissement de la dette publique). Par ailleurs, la période qui suit la seconde guerre mondiale avait connu un relèvement très net des niveaux de salaires des Congolais, un début de législation sociale et des réalisations remarquables, une fois encore supérieures à celles des autres pays africains, en matière d'enseignement, de santé et d'habitat.

Il est intéressant, même si cela déborde de notre sujet, d'évoquer l'influence que la colonisation a eue sur l'économie belge[76]. Il a été estimé en 1956 que le Congo représentait 3,3 % du PNB belge et assurait l'emploi direct ou indirect d'environ 75.000 personnes, soit 2,1 % de la population active. En cas de rupture complète des relations – hypothèse improbable qui ne s'est effectivement pas réalisée – la perte se serait élevée à 2,4 % du PNB. Le Congo ne jouait en effet qu'un rôle somme toute assez secondaire dans l'économie belge. Constituant un marché peu protégé, ouvert à la concurrence internationale, il n'occupait qu'une place marginale dans nos exportations (entre 2 et 6 % après la seconde guerre mondiale), sauf pour les constructions métalliques. Il fournissait par contre (du fait notamment des politiques douanières belge et congolaise et de la politique monétaire de la zone du franc belge) une part significative des importations belges de certaines matières premières (principalement les non-ferreux et quelques matières grasses), excédant les besoins internes de la Belgique, lui

---

[76] L'essentiel de ce texte est inspiré de VANTHEMSCHE G. *La Belgique et le Congo – empreintes d'une colonie... pp.153-209*

assurant un rôle de redistribution internationale de ces produits et contribuant à l'équilibre des comptes extérieurs de l'UEBL. L' économie coloniale avait cependant marqué les structures de l'économie belge, particulièrement à travers l'omniprésence de la Société Générale dans le secteur colonial : activités du port d'Anvers (où le trafic colonial ne représente cependant que quelques pour-cents du total), transport maritime (Compagnie Maritime Belge dont deux tiers des activités sont du trafic colonial et qui y trouve la source principale de ses recettes), transport aérien (Sabena qui trouve son origine dans la colonisation et[77]qui tire l'essentiel de ses recettes de deux situations de monopole : la liaison Belgique-Congo et le réseau intérieur congolais ainsi que la Sobelair), taille et commerce de diamant à Anvers, industrie des métaux non-ferreux (cuivre, cobalt, étain, germanium, uranium) à Hoboken.

La rentabilité des capitaux privés belges investis au Congo n'a fait l'objet pendant longtemps que de quelques évaluations peu approfondies et aboutissant à des appréciations contradictoires en fonction surtout du milieu dont elles émanent. On peut constater que les rendements sont très variables d'un secteur à l'autre, très satisfaisants pour les sociétés minières et les banques et nettement moins pour les sociétés agricoles et conclure qu'ils sont très probablement supérieurs à ceux des sociétés exploitant en Belgique, ce qui n'est pas étonnant vu le risque plus grand et le contexte d'exploitation coloniale[78].

D'après une de ces sources, les taux de profit des entreprises au Congo sont deux fois plus élevés que ceux des entreprises travaillant en Belgique entre 1947 et 1958, la période faste pour le Congo[79], surtout 1951-1954.

Un autre calcul à partir des rendements (profit rapporté aux moyens propres) de quelque 500 sociétés anonymes congolaises sur les années 1950-1960 donne un taux moyen de 18 % mais il ne faut pas oublier d'une part, que ce chiffre ne concerne que la période la plus prospère et,

---

[77] Voir à ce sujet VANTHEMSCHE G., *LA SABENA, 1923-2001.*
[78] VANTHEMSCHE G., *ibidem*, pp 192-195.
[79] JOYE P. et LEWIN R. *Les trusts au Congo,* p. 37.

d'autre part, qu'il est faussé du fait que le calcul n'inclut pas les sociétés qui ont disparu (faillites, dissolutions...)[80].

Un taux de rentabilité des capitaux investis au Congo (défini comme le rapport du solde du compte profits et pertes aux moyens propres de l'entreprise, ce qui reflète la gestion financière, donc le point de vue de l'actionnaire) a été calculé pour les 36 principales sociétés coloniales sur 53 ans (1908-1960)[81]. Ce taux est très favorable : il atteint 9,72 % pour tous les secteurs et nettement plus (10,86 %) en excluant les transports.

Une étude récente [82] a examiné le rendement total (dividendes distribués et accroissement des moyens propres) des sociétés congolaises cotées en Bourse de Bruxelles. Ces actions représentaient 27,7 % du total des actions cotées en 1928 et 44 % à la fin de 1955. Leur rendement total représente 2,5 fois celui des actions belges au cours des années 1920-1955, période la plus éclatante de la mise en valeur/exploitation coloniale. Lorsque le risque pays se manifeste, c'est à dire en allongeant la période couverte jusqu'en 1960, la comparaison tourne clairement à l'avantage des actions des sociétés opérant en Belgique. Cette étude souligne également l'extrême volatilité des cours des actions congolaises (liées à la vulnérabilité des marchés internationaux des matières premières et soumises à un risque pays (ou politique qui s'est effectivement vérifié).

En fin de période surtout (calculs pour les années 1956-1959), les recettes provenant des capitaux privés investis au Congo représentent quelque 46 % du total des recettes extérieures d'investissement de la Belgique et plus de 40 % des bénéfices réalisés par les sociétés cotées en Bourse de Bruxelles. En 1958, environ 8 % de la fortune nationale belge étaient investis au Congo[83].

---

[80] *Bulletin mensuel des statistiques générales du Congo Belge et du Ruanda-Urundi,*5è année, 5/6, mai-juin 1960, p.72.
[81] HUYBRECHTS A. *op cit.* pp. 124-131 et 313-323
[82] BUELENS Frans et MARYSSE Stefaan, *Returns on Investment during the Colonial Era: the Case of Congo,* pp.11-12, 24, 28.
[83] VELLUT J.L. op.cit.p.75.

3.2. Diagnostic économique en 1960

Le dualisme de l'économie congolaise subsiste, à peine atténué.

3.2.1. L'économie moderne dont la croissance et les équipements ont été mis en évidence est pour l'essentiel européenne. Elle est en quelque sorte l'enclave sur le territoire congolais de grandes entreprises minières, agricoles et industrielles européennes qui maîtrisent quasi entièrement l'économie congolaise. Dans ce contexte, la population européenne, assumant un rôle d'encadrement, constitue un facteur de production essentiel.

Il résulte de cette structure que l'Etat est fiscalement dépendant du secteur privé, surtout des grandes sociétés, producteurs miniers du Katanga en tête. L'Etat colonial et les entreprises travaillant en étroite collaboration et dans un climat de confiance, ceci pose peu de problèmes...

Le moteur de cette économie est évidemment l'exportation de matières premières (déjà raffinées ou transformées cependant). Cette extraversion, expression même de l'exploitation/mise en valeur coloniale, n'a guère été atténuée en cinquante ans. L'économie congolaise reste donc très vulnérable. Elle dépend étroitement des marchés internationaux mais sans dépendance particulière par rapport à la métropole (de même que celle-ci, en l'absence, en principe du moins, de toute protection coloniale, ne dépend pas du Congo). Les réseaux de transports du Congo, conçus dans cette optique exportatrice, restent aussi extravertis en 1960 qu'à l'origine. Le marché intérieur a progressé mais reste secondaire.

L'activité des entreprises européennes a créé un important prolétariat urbain, déraciné et totalement dépendant des emplois et des salaires que les entreprises européennes sont seules à pouvoir offrir. Ceci constitue une lourde hypothèque pour l'avenir.

3.2.2. L'économie autochtone ne s'est que très partiellement modernisée et reste à la traîne. Les producteurs ruraux sont apparus sous l'impulsion de l'administration coloniale (cultures obligatoires et paysannats indigènes), usant d'une contrainte plus ou moins forte mais toujours mal ressentie, imposant un type d'économie donné et des prix d'achat maintenus bas et donc peu attractifs, plus proches d'une corvée largement fiscale que d'un choix économique délibéré. Ceci n'encourage pas le développement de l'agriculture indigène et occulte les aspects positifs de la contrainte (sécurité alimentaire et revenus monétaires). Un encadrement administratif efficace et des moyens de transport adéquats conditionnent la production africaine commercialisée, ce qui est à nouveau une hypothèque pour l'avenir. Dans le milieu extra-coutumier et urbain, les petites entreprises africaines commencent à peine à apparaître (leur fonction est en fait assurée presque totalement par les commerçants portugais et grecs) et elles restent globalement insignifiantes.

Une large partie de la population congolaise reste cantonnée dans l'économie de subsistance qui reste la seule échappatoire en cas de difficultés.

3.3. Croissance ou développement ?

Revenons-en d'abord à l'essentiel : la situation coloniale. La colonisation sous des formes très diverses est, de tous temps, la manifestation millénaire des relations entre sociétés inégales. Elle est, par définition, la domination imposée par une minorité étrangère, culturellement différente et matériellement supérieure, à une population autochtone en état d'infériorité ; elle vise l'exploitation des ressources humaines et naturelles du territoire colonisé au profit de la métropole[84].

Cette « exploitation » ou « mise en valeur » (au choix du lecteur) coloniale comporte inévitablement de la violence, violence au singulier du fait, au départ, de la mainmise sur le territoire colonisé, violences au pluriel tout au long de l'occupation du fait de l'exercice du pouvoir. Elle a de ce

---

[84] L'ouvrage de CLAUZEL (sous la direction de), *La France d'outre-mer (1930-1960)*, rédigé par des administrateurs et des magistrats coloniaux français et donc peu suspect d'anti-colonialisme s'exprime comme suit (p.165) « Certes, on utilisait à Paris le terme de « mise en valeur des colonies » ; il s'agissait uniquement de l'exploitation des ressources des colonies au profit de la métropole. Etait seulement financée la construction des infrastructures permettant de faciliter l'évacuation des produits, et encouragées les initiatives privés, avec l'octroi de concessions d'exploitation ».

fait un impact déstabilisant sur la société colonisée[85]. On ne peut ignorer l'ampleur du choc culturel né de la pénétration coloniale européenne en Afrique noire et de son ouverture au monde moderne et aux échanges internationaux. Cette colonisation, particulièrement celle de l'Afrique centrale plus primitive et plus isolée du monde que les autres parties de l'Afrique, a provoqué la confrontation, souvent violente, de deux sociétés dont les cultures et les structures sociologiques sont fondamentalement différentes. Le colonisateur, la Belgique en ce qui nous concerne, se situe dans le peloton de tête des pays industrialisés ; il s'approprie un pouvoir absolu sur sa colonie et dispose de tous les moyens scientifiques, techniques, militaires et d'organisation nécessaires. Le territoire de la colonie est un rassemblement arbitraire de petits groupes fragmentés mais partageant une même culture sans écriture, constituée de valeurs et de comportements très liés entre eux et totalement différents de ceux des colonisateurs. En matière économique, la terre est la propriété du clan et elle échappe de ce fait aux circuits économiques ; le capital, comme accumulation de moyens de production, est inconnu ; le travail, utilisant des techniques archaïques, est incorporé dans la vie communautaire qui ignore l'individualisme et l'entreprise ; les échanges entre groupes voisins sont très limités et n'ont pas non plus le même sens que dans nos économies de marché[86].

Ce contexte sociologique, totalement étranger à l'analyse économique, explique la gravité des effets d'appauvrissement, d'acculturation et de désintégration sociale (backwash effects) alors que l'économie coloniale n'a que faiblement et indirectement modifié la société autochtone. Les effets de diffusion (spread effects) – changement des mentalités, des motivations et des comportements, assimilation des techniques de gestion et de production – sont restés limités.

L'économiste américain Rostow exprime à peu près la même idée dès le début des années cinquante. Il cite le Congo Belge parmi les économies d'enclave qui remplissent les deux premières pré-conditions du

---

85 Même source, p.165 également : « L'arrivée du colonisateur, l'installation de ses pouvoirs et de son autorité, la contrainte de l'impôt ont complètement bouleversé, traumatisé même la société indigène ».

86 BAECK L. op. cit., pp. 111, 299-309

démarrage (take-off into sustained growth) c'est-à-dire des taux d'investissements productifs dépassant 10 % du Revenu National et l'expansion d'un secteur économique moderne en croissance rapide. Mais il considère que la troisième pré-condition n'est pas réalisée : l'existence d'un cadre institutionnel, politique et social susceptible de donner un caractère durable à cette croissance[87].

Il est évident cependant que, tout en visant le transfert vers la métropole d'une part aussi importante que possible du surplus économique dégagé, l'exploitation coloniale n'est pas pour autant le prélèvement pur et simple par un prédateur (ce à quoi correspond la thèse simpliste du « pillage du Tiers-Monde »). Indépendamment de relations plus ou moins équilibrées d'échange que le dualisme de l'économie coloniale n'établit pas, la colonisation implique nécessairement un retour dans la mesure même où elle crée des activités (extraction, culture, transformation, transport, services publics...), des emplois et des salaires, où elle établit une infrastructure moderne qui lui survit et dans la mesure où des efforts complémentaires en matière de santé, d'éducation, de services publics et d'habitat sont déployées et transforment le contexte socio-politique.

La pertinence de ces apports pour le développement doit être mise en question dans la mesure même où ils ont déstructuré la culture locale, au point que celle-ci a perdu presque toute capacité à orienter le développement et à le promouvoir. De plus, si on considère la stratégie poursuivie par le colonisateur, il apparaît que, dans la logique qui est la sienne, la politique économique coloniale a privilégié la « croissance » quantitative qui est par nature son objectif et non le « développement » qui ne l'est pas[88]. Les responsables politiques et administratifs de la Colonie, au

---

[87] ROSTOW W.W., *The Process of Economic Growth,* pp. 285-290.

[88] La croissance économique est une évolution quantitative que mesure l'augmentation du PNB et du revenu moyen par tête.

Le développement économique est un processus qualitatif de changements structurels diversifiant l'économie et impliquant des changements tels que l'augmentation de la part de l'industrie et des services dans la production globale ou de la population urbaine dans la population totale, l'accélération des progrès techniques et le relèvement de la productivité du travail, la création d'infrastructures économiques (transport, énergie) et sociales (enseignement, santé). Il suppose la participation active des nationaux pour susciter ce

Congo et en Belgique, avaient d'ailleurs commencé à en prendre conscience au cours de la dernière décennie de la période coloniale. Ils percevaient la nécessité de réduire l'extraversion économique du Congo, de développer la demande et le marché intérieurs, d'accroître les revenus et les niveaux de vie des Congolais, notamment en renforçant la petite agriculture congolaise. Ces bonnes intentions n'avaient cependant été concrétisées que très partiellement et trop tardivement.

La croissance quantitative préalable, permettant de créer l'accumulation initiale requise par le progrès économique moderne a donc forcément comporté des apports qualitatifs significatifs et incontestables qui auraient pu constituer des ferments de développement. La croissance de l'économie coloniale a réalisé ainsi certaines conditions nécessaires mais non suffisantes d'un développement socio-économique à l'occidentale (il y a des cas innombrables de croissance sans développement dans le monde sous-développé, aucun cas de développement sans croissance) car le développement n'est pas principalement économique : il est, dans son essence, culturel et ne peut dès lors pas être impulsé, forcé de l'extérieur.

En conclusion, le colonisateur, disposant des connaissances scientifiques et techniques, d'un secteur privé dynamique, d'une administration efficace et motivée et d'un pouvoir de décision absolu avait donc établi en 1960 les bases solides d'un développement socio-économique moderne : les infrastructures requises et les capacités de production couvrant une partie croissante des besoins intérieurs et capables d'exporter de manière compétitive sur les marchés mondiaux. Il aurait fallu que les responsables du Congo indépendant soient en mesure de gérer ce potentiel, en infléchissant progressivement et là où cela s'imposait, les politiques économiques menées sous le régime colonial. Mais ici, l'économie cède nécessairement le pas au politique, une des carences du paternalisme colonial ayant été de n'avoir pas assuré suffisamment tôt la formation de

---

processus (même si une contribution extérieure, en hommes, en techniques et en capitaux, est inévitable) et en recueillir les fruits. Lorsque l'accroissement des revenus ne bénéficie qu'à une petite minorité étrangère ou nationale, on ne peut pas parler d'un développement. C'est à certains égards le cas du Congo pendant la période coloniale (une croissance accélérée et d'incontestables ferments de développement) et ce sera vraiment le cas, nous le verrons, après l'indépendance (ni croissance, ni -a fortiori- développement).

cadres supérieurs congolais et de n'avoir pas poussé à la constitution d'un groupe de responsables congolais susceptibles de prendre le relais au moment de l'indépendance, voire d'avoir délibérément freiné sa formation. Et au-delà de l'évolution politique toujours aléatoire et indépendamment du temps nécessairement long requis pour former ces Congolais, subsiste le fossé culturel que nous avons signalé et qui pose un problème particulièrement grave et difficile d'assimilation des contraintes de l'économie et de gestion.

ANNEXES STATISTIQUES

LISTE DES TABLEAUX

TABLEAU STATISTIQUE 1

POPULATION EUROPEENNE
MAIN D'ŒUVRE CONGOLAISE
PRODUIT INTERIEUR BRUT

Années	Population européenne [1] (000)	Main-d'œuvre congolaise[2] (000)	Produit Intérieur Brut (P.I.B.)[3] à prix constants 1950 (mio F.C.)	
			total	Commercialisé
1916	5,7	...	...	...
1917	6,3	...	...	...
1918	(6,6)	...	...	...
1919	7,0	...	...	...
1920	8,2	125	8 000	4 189
1921	9,6	135	8 600	4 726
1922	10,0	157	9 400	5 585
1923	11,5	177	10 300	6 400
1924	12,8	258	11 400	7 500
1925	15,2	355	12 800	8 900
1926	18,2	417	13 400	9 500
1927	20,7	427	13 800	9 900
1928	23,3	414	14 900	11 000
1929	25,7	420	16 500	12 500
1930	25,2	399	16 800	12 800
1931	22,5	326	15 300	11 300
1932	18,7	292	13 100	9 100
1933	17,6	318	13 700	9 600
1934	17,8	339	14 900	10 800
1935	18,7	378	15 000	10 900
1936	20,1	410	17 400	13 200
1937	23,1	492	20 200	16 000
1938	25,2	529	20 300	16 100
1939	27,8	530	20 000	15 800
1940	29,7	518	19 700	15 400
1941	30,0	554	21 100	16 800
1942	33,2	622	22 800	18 400
1943	34,9	687	24 400	20 000
1944	36,1	768	24 000	19 600
1945	33,8	701	24 400	19 900
1946	34,8	731	24 900	20 400
1947	43,4	755	27 200	22 600

1948	51,6	837	30 700	26 100
1949	52,1	893	32 500	27 800
1950	57,9	962	35 190	30 500
1951	66,1	1 031	39 300	34 500
1952	76,8	1 078	42 910	38 100
1953	86,7	1 110	45 300	40 400
1954	89,3	1 146	48 080	43 200
1955	97,5	1 183	(51 926)	44 900
1956	107,4	1 198	53 330	48 300
1957	109,5	1 148	(54 770)	(49 600)
1958	112,8	1 102	53 420	48 100
1959	115,2	961	53 300	48 900

Sources :
(1) *Rapports aux Chambres et La situation économique*... années 1954-1959
(2) *Rapports aux Chambres*
(3) Banque Centrale du Congo Belge et du Ruanda-Urundi

TABLEAU STATISTIQUE 2

COMMERCE EXTERIEUR DU CONGO BELGE ET DU RUANDA-URUNDI

en 000 t. et mio FC

Années	Exportations		Importations	
	tonnage	Valeur	tonnage	Valeur
1913	24,6	55,2	170,8	71,6
1914	32,4	52,9	154,1	44,5
1915	38,2	72,0	85,9	23,5
1916	62,8	129,4	143,9	53,8
1917	82,0	164,3	157,7	59,7
1918	65,6	112,0	144,0	74,6
1919	82,8	204,1	85,7	180,5
1920	85,7	315,2	195,7	237,5
1921	103,6	218,0	242,3	276,0
1922	125,7	294,6	215,7	268,7
1923	146,2	552,0	311,1	390,1
1924	166,2	477,0	358,1	489,6
1925	213,2	628,6	524,9	876,2
1926	203,7	729,3	631,6	1 293,2
1927	224,9	1 074,8	652,8	1 526,4
1928	259,5	1 246,6	742,0	1 670,4
1929	301,9	1 458,8	821,5	2 001,7
1930	341,6	1 525,8	719,7	1 638,8
1931	274,5	1 119,0	363,7	1 022,4
1932	207,7	681,0	186,6	488,0
1933	271,5	674,0	138,1	416,9
1934	338,8	872,7	168,9	408,2
1935	403,2	1 248,0	183,2	563,1
1936	432,4	1 563,9	219,6	782,5
1937	601,7	2 581,1	389,9	1 221,2
1938	552,1	1 962,0	321,3	1 084,9
1939	499,4	1 795,0	290,2	992,6
1940	450,2	2 626,6	210,3	768,1
1941	505,8	3 446,8	302,4	1 581,5
1942	583,7	4 079,5	391,9	2 031,0
1943	634,9	4 838,5	478,1	2 426,3
1944	541,8	4 809,1	486,8	2 578,8
1945	599,0	4 991,5	355,7	2 023,9

1946	708,8	6 025,6	476,6	3 427,8
1947	781,6	8 097,8	578,3	6 453,3
1948	854,3	10 820,4	756,3	8 392,1
1949	828,3	11 170,9	912,9	10 320,4
1950	915,1	13 631,0	879,5	9 633,9
1951	1 082,0	20 122,4	1 125,6	15 481,4
1952	1 074,3	20 266,8	1 513,2	20 179,4
1953	1 183,9	20 578,9	1 432,3	18 171,9
1954	1 356,3	20 480,2	1 626,5	18 538,9
1955	1 398,7	23 438,3	1 703,9	18 963,9
1956	1 317,3	27 450,9	1 685,3	20 798,3
1957	1 555,6	24 296,3	1 684,7	21 908,6
1958	1 547,4	20 876,8	1 518,8	18 082,5
1959	1 630,0	24 788,3	1 372,3	14 994,5

Sources : Quantités et valeurs : *Statistiques du Commerce Extérieur*

TABLEAU STATISTIQUE 3

EXPORTATIONS DU CONGO BELGE ET DU RUANDA-URUNDI EN 1959

Produits	Quantités (tonnes)	Valeurs (000 FC)
1. Animaux vivants et produits du règne animal	**584**	**50 675**
2. Produits du règne végétal	**235 637**	**3 978 953**
dont : Bananes	31 099	62 292
Café	93 415	3 074 393
Manioc	49 865	147 409
Noix palmistes	39 836	291 734
Copal	4 063	35 369
3. Graisses et huiles animales et végétales	**260 721**	**2 949 384**
dont : Huile d'arachides	6 958	78 713
Huile de palme brute	158 691	1 573 436
Huile de coton	6 000	62 419
Huile de palme blanchie	24 919	292 011
Huile de palmistes	60 674	896 991
4. Produits des industries alimentaires, boissons, tabacs	**108 970**	**503 713**
dont : Tourteaux	98 149	312 335
Cacao	3 852	144 201
5. Produits minéraux	**398 108**	**1 428 228**
dont : Cassitérite	10 322	740 992
Minerais de manganèse	302 397	337 550
Minerais de tantale-niobium	370	41 646
Minerais de tungstène	1 016	77 130
Minerais de zinc	75 131	113 120
6. Produit des industries chimiques	**394**	**33 758**
7. Matières plastiques, résines, caoutchouc	**40 178**	**1 113 489**
dont : Caoutchouc	40 173	1 113 485
8. Peaux, cuirs et ouvrages	**826**	**31 769**
9. Bois, liège, sparterie et vannerie	**162 536**	**430 217**
dont : Bois et ouvrages en bois	162 534	430 120
10. Papier et applications	**26**	**1 101**
11. Matières et ouvrages textiles	**60 454**	**1 490 351**
dont : Coton	52 790	1 368 740
Tissus de coton	238	22 312

Urena et Punga	4 184	54 307
Sacs en jute	913	15 681
12.Chaussures, chapeaux, parapluies, etc.	**127**	**8 602**
13.Ouvrages en pierre, plâtre, ciment, etc produits céramiques, verre et ouvrages et verre	**1 383**	**5 005**
14. Perles fines, pierres gemmes, métaux précieux, bijouterie, monnaie	**17**	**2 282 640**
dont : Diamants (carats)	15 953 518	1 724 646
. Or (kg)	11 985	556 301
15.Métaux communs et ouvrages	**358 275**	**10 312 184**
dont : Cuivre	283 960	7 985 214
Zinc	54 439	483 839
Etain	2 865	305 350
Cobalt	11 871	1 435 778
16. Machines et appareils, matériel électrique	**10**	**632**
17. Matériel transport	**1 664**	**14 752**
18. Instruments et appareils divers	**2**	**207**
19. Armes et munitions		**21**
20. Marchandises et produits divers	**78**	**7 246**
21. Objets d'art, de collection et d'antiquité	**15**	**923**
	1 630 045	**24 788 258**

TABLEAU STATISTIQUE 4

BALANCE COMMERCIALE DU CONGO BELGE ET DU RUANDA – URUNDI

en mio F.C.

année	export. et re-exp. (prix FOB)	importation (prix CIF)	solde
1948	10 820	8 392	2428
1949	11 171	10 320	851
1950	13 631	9 634	3 997
1951	20 116	15 420	4 696
1952	20 406	20 305	101
1953	20 590	18 000	2 590
1954	20 480,2	18 538,9	1 941,3
1955	23 361,9	18 951,9	4 410
1956	27 379,8	20 658,2	6 721 6
1957	24 251,6	21 807,2	2 444,4
1958*	25 607	16 562	11 045
1959*	28 378	14 887	13 491

source : "Le Congo Belge" tome II p. 92

* suivant les statistiques de change. Source : "La situation économique du Congo en 1959" p. 253

TABLEAU STATISTIQUE 5

SOLDES DE LA BALANCE DES PAIEMENTS DU CONGO BELGE ET DU RUANDA-URUNDI

en m^io^ FC

année	transactions Courantes	mouvements de capitaux à long terme	erreurs et omissions	solde global
1948	2 165	108	-	2 273
1949	6	-381	-	-375
1950	3 087	2 935	-158	5 864
1951	1 361	767	1 594	3 722
1952	-1 801	3 224	508	1 931
1953	-1 668	2 727	-232	827
1954	-1 978	2 189	-169	42
1955	-2 039	2 972	-78	855
1956	-3 861	3 703	-136	-294
1957	-7 826	441	-97	-7 482
1958	5 570	5 286	-12	-296
1959	-3 304	-2 315	-21	-5 460

Source : " Le congo belge tome II p.92
" La situation économique…1959" p.265

TABLEAU STATISTIQUE 6

PRODUCTIONS AGRICOLE ET INDUSTRIELLE
Indice du volume

base 1947-1949=100 ; chiffres arrondis à l'unité

années	PRODUCTION AGRICOLE					PRODUCTION INDUSTRIELLE
	(1) européenne totale	(2) africaine totale	(3) africaine commercialise	(1) + (2) totale	(1) + (3) commercial isée	
1934	58	87	49	83	53	17
1935	60	56	57	56	58	17
1936	74	68	65	69	69	20
1937	77	41	73	45	75	24
1938	87	41	74	48	82	29
1939	87	39	73	45	80	29
1940	91	42	74	49	84	30
1941	92	54	86	59	89	38
1942	96	62	91	67	93	46
1943	92	71	111	74	103	54
1944	85	67	95	70	91	59
1945	90	77	83	79	86	64
1946	93	91	90	91	91	71
1947	101	90	90	92	95	83
1948	93	101	100	100	97	99
1949	106	109	110	109	108	118
1950	112	121	119	119	116	147
1951	125	121	125	121	125	179
1952	134	126	115	127	124	207
1953	153	123	121	127	(137)	272
1954	177	125	125	132	(156)	280
1955	191	135	158	143	(174)	315
1956	233	136	173	148	(153)	349
1957	249	139	175	154	(212)	377
1958	278	137	183	155	(230)	350
1959	334	139	186	165	(260)	346

Source : Direction des études économiques, statistiques et documentation du Ministère des Colonies (Affaires africaines)

TABLEAU STATISTIQUE 7

ELEVAGE AU CONGO BELGE EN 1959

	Léopold-ville	Equateur	Orientale	Kivu	Katanga	Kasai	
A.Elevages Européens							
Bovidés	110 532	34 447	61 171	18 166	184 434	73 775	**482 525**
Suidés	12 826	5 240	6 518	3 974	19 590	1 740	**49 888**
Ovidés	3 557	662	3 014	1 038	7 792	3 837	**19 900**
Capridés	396	948	1 459	250	945	13	**4 011**
B.Elevages Congolais							
Bovidés	15 163	2 424	313 809	207 130	9 033	4 965	**552 524**
Suidés	149 259	4 903	19 566	45 008	18 371	81 421	**318 528**
Ovidés	80 770	4 703	101 834	113 504	137 591	182 754	**621 156**
Capridés	371 784	358 100	402 032	267 646	216 646	519 217	**2 135 425**

=

II - Production des élevages

	Bovidés		**Suidés**		**Ovidés**		**Capridés**	
	Nombre	**Poids vif**	**Nombre**	**Poids vif**	**Nombre**	**Poids vif**	**Nombre**	**P.Vif**
A.Elevages européens								
Léopoldville	15 116	5 307	10 27 7	908	1 043	31	-	-
Equateur	2 301	515	3 757	252	96	2	157	4
Orientale	16 045	4 631	6 209	594	941	25	229	7
Kivu	1 736	542	2 20 1	204	160	5	69	2
Katanga	23 764	10 594	13 077	1065	1 370	49	157	4
Kasaï	13 491	5 284	1 922	192	1 204	48		-
Total	**72 453**	**26 873**	**37 443**	**3 215**	**4 814**	**160**	**612**	**17**
B.Elevages Congolais								
Léopoldville	2 543	367	30 063	1 812	6 432	193	31 119	778
Equateur	129	23	1 860	142	619	11	21 190	518
Orientale	50 785	8 683	8 525	552	8 947	205	40 753	845
Kivu	13 000	2 543	22 700	2 051	33 040	645	66 300	1 207
Katanga	-	-	-	-	-	-	-	-
Kasaï	295	77	24 426	1 466	8 636	216	26 060	652
Total	**66 752**	**11 693**	**87 574**	**6 023**	**57 674**	**1 270**	**185 422**	**4 000**
Total général	**139 205**	**38 566**	**125 017**	**9 238**	**62 488**	**1 430**	**186 034**	**4 017**

III - Production laitière en 1000 litres et kilos

Provinces	Lait		Beurre		Fromage	
	Elevages européens	Elevages congolais	Elevages européens	Elevages congolais	Elevages européens	Elevages congolais
Léopoldville	35	-	-	-	-	-
Equateur	-	-	-	-	-	-
Orientale	1 234	2 636	139 195	5 800	16 963	-
Kivu	2 950	521	100 200	4 050	15 100	-
Katanga	3 593	-	139 665	-	139 665	-
Kasaï	235	-	27 227	-	2 417	-
Total	**8 047**	**3 157**	**406 287**	**9 850**	**174 145**	

TABLEAU STATISTIQUE 8

PRODUCTION INDUSTRIELLE DU CONGO BELGE EN 1959

Produits	unités	1959
Industrie de la construction		
Ciment	t	347 438
Chaux	t	87 864
Briques	1000 p.	80 942
fibro-ciment	m^2	295 076(1)
Céramiques	m^2	134 000
bois sciés	m^3	228 931
bois déroulés et tranchés	m^3	56 448
objets en béton	1000 p.	7 020 (2)
Industrie chimique		
poudres et explosifs	t	3 141
acide sulfurique	t	114 861
huile hydrolisée	t	1 582
Insecticides	t	568
glycérine industrielle	t	665
couleurs/vernis	t	3 789
oxygène comprimée	m^3	928 813
Acétylène	t	87
acide carbonique	t	961
Savon	t	27 464
Bouteilles	p.	8 187 000
produits de parfumerie	kg	189 103
Industrie alimentaire		
Sucre	t	39 321
Bière	hl	1 357 710
eau gazeuse	hl	342 859
Glace	t	28 442
Beurre	t	340
Fromage	t	137
Lait	1000 l	11 379
huile de palme	t	229 855
huile d'arachides	t	8 184
huile de coton	t	8 884
huile de ricin	t	97
huile de palmistes	t	61 411
huile de boleko	t	155

Produits	unités	1959
Margarine	t	759

tourteaux d'arachide	t	11 924
tourteaux de coton	t	24 024
tourteaux de ricin	t	122
tourteaux de palmistes	t	67 562
tourteaux de boleko	t	240
Industrie textile		
Tissus	m²	60 421 323
Ouate	kg	47 674 (3)
fil à tricoter	kg	23 872 (3)
Cordes	kg	158 000
confection et bonneterie	p.	16 050 282
toiles d'emballage	m²	1 232 104 (3)
toiles imperméables pour bâches	kg	148 000
Industrie du cuir		
Chaussures	paires	2 956 200
Cuir	t	2 227
Peaux	t	442
Industrie du tabac		
Cigarettes	1000 p.	4 214 737 (3)
tabac pour pipe	kg	1501
Fabrications métalliques		
Fûts	p.	594 000
malles métaliques	p.	73 216
boîtes de conserve, bidons	kg	979 402
objets en fonte	t	1 891
Bronze	t	280
clous et boulons	t	430
bouchons-couronnes	kg	90 000
lits et mobilier métalliques	p.	6 839
Réservoirs	t	1 790
Divers		
Batteries	p.	7 000
Valiserie	p.	381 950
pressage de disques	p.	207 088
matelas à ressorts	p.	18 136

(1) plus 40 755 en 1958 et plus 9 800 t en 1959
(2) plus 34 596 t.
(3) année 1958
Source : "La situation économique du Congo Belge et du Ruanda-Urundi en 1959" pp 64-65 tableau XVIII

TABLEAU STATISTIQUE 9

TONNAGE KILOMETRIQUE DES RESEAUX DE TRANSPORT TERRESTRE

Unité : 000 t-km

année	Réseau Otraco		B.C.K.	C.F.L.	Vicicongo	tous réseaux ferroviaires	tous réseaux
	voies fluviales	CFMK					
1898	...	7 685	_	_	_	7 685	...
1899	...	7 981	_	_	_	7 981	...
1900	...	8 219	_	_	_	8 219	...
1901	...	7 904	_	_	_	7 904	...
1902	...	7 342	_	...	_	7 427	...
1903	...	10 295	_	...	_	10 395	...
1904	...	9 538	_	...	_	9 638	...
1905	...	10 952	_	...	_	11 042	...
1906	...	11 952	_	...	_	12 052	...
1907	...	12 596	_	...	_	12 671	...
1908	...	13 142	_	...	_	13 242	...
1909	...	16 056	_	...	_	16 186	...
1910	...	20 398	...	...	_	20 573	...
1911	...	23 154	16 188	...	_	39 592	...
1912	29 845	26 422	12 762	...	_	39 629	85 590
1913	35 270	29 171	28 327	...	_	58 222	112 556
1914	27 070	12 003	46 519	...	_	59 183	100 871
1915	15 803	20 992	46 067	...	_	67 623	91 960
1916	24 309	28 467	73 683	...	_	102 745	140 189
1917	26 937	27 363	84 897	...	_	113 069	154 552
1918	32 116	28 256	84 466	...	_	113 534	170 650
1919	29 191	35 981	107 708	...	_	145 269	201 859
1920	38 627	46 816	106 908	...	_	155 087	229 514
1921	48 063	43 051	140268	...	_	184 520	263 483
1922	57 497	52 558	178 679	...	_	232 633	326 090
1923	84 905	52 415	232 015	27 762	_	313 768	449 473
1924	88 481	74 535	275 764	34 305	_	386 202	534 283
1925	112 738	93 071	326 328	49 739	_	471 683	619 467
1926	134 812	108 044	363 932	56 138	_	530 861	715 173
1927	154 334	103 725	396 762	76 322	2 696	580 548	768 866
1928	151 423	139 261	406 693	68 920	2 018	619 015	852 668
1929	163 900	151 913	518 167	58 234	3 686	732 910	973 278
1930	169 468	150 501	483 039	63 578	4 347	701 448	967 599

1931	146 289	116 619	307 131	39 089	5 696	468 409	707 671
1932	128 700	54 700	142 345	15 667	7 833	220 905	443 053
1933	170 269	121 661	167 237	24 515	10 967	323 996	598 335
1934	209 568	127 719	268 134	36 148	14 385	444 950	764 636
1935	267 042	129 195	298 394	44 653	16 323	487 509	872 067
1936	348 900	155 635	297 713	60 829	23 424	535 797	1 031 131
1937	451 594	196 225	542 265	76 623	27 036	841 269	1 457 724
1938	449 608	191 614	469 220	89 280	28 662	778 308	1 370 709
1939	449 803	192 450	433 191	81 745	24 916	732 615	1 334 393
1940	346 893	154 845	491 286	74 832	23 754	742 545	1 212 933
1941	366 375	157 610	608 154	109 066	30 045	902 376	1 381 121
1942	495 422	233 499	802 411	165 468	39 357	1 238 527	1 882 540
1943	540 041	244 208	856 429	165 918	64 247	1 320 020	1 992 828
1944	476 108	219 449	862 222	176 755	42 309	1 295 684	1 910 403
1945	481 437	242 732	778 630	163 563	33 028	1 217 267	1 831 560
1946	535 076	259 702	805 780	142 146	34 383	1 242 793	1 932 893
1947	769 891	310 092	848 095	197 097	34 659	1 395 158	2 227 258
1948	882 645	371 271	935 577	197 220	35 100	1 546 359	2 503 975
1949	941 117	392 767	958 694	172 360	37 366	1 563 928	2 570 667
1950	1 030 001	450 587	1 016 792	219 926	39 051	1 731 715	2 772 189
1951	1 163 503	521 605	1 152 312	239 887	42 532	1 961 653	3 136 197
1952	1 346 527	633 828	1 250 025	289 260	47 130	2 225 726	3 585 106
1953	1 477 000	626 454	1 374 369	292 658	54 499	2 354 570	3 845 356
1954	1 617 800	687 576	1 540 405	351 008	61 961	2 644 158	4 280 072
1955	1 642 000	605 070	1 568 390	353 131	75 030	2 600 583	4 316 000
1956	1 859 000	619 029	1 723 515	353 083	81 251	2 774 608	4 650 517
1957	1 926 800	632 503	1 813 782	374 351	78 605	2 898 074	4 848 339
1958	1 765 000	599 282	1 503 244	323 867	78 851	2 500 673	4 288 480
1959	1 705 432	559 940	1 589 799	301 048	81 508	2 524 085	4 253 827

source : A. Huybrechts "Transports et structures de développement au Congo " pp. 380-381

TABLEAU STATISTIQUE 10

AVANCEMENT BUDGETAIRE DU PLAN DECENNAL

en mio F.C.

RUBRIQUES	Prévisions 1948 (initiales)	%	Prévisions 1954 (révisées)	%	Prévisions 1959	%
I.Dépensesd'investissements à caractère économique						
Transports : rail	1 263	5,0	4 781	9,9	4 781	9,4
route	6 100	23,8	6 300	13,1	7 355	14,4
eau	4 431	17,4	7 889	16,4	7 465	14,6
air	964	3,8	1 835	3,8	2 270	4,5
Electricité : Forces	1 909	7,5	3 012	6,3	3 412	6,7
Total I	**14 667**	**57,5**	**23 817**	**49,5**	**25 283**	**49,6**
II.Dépensesd'investissements à caractère social	1 616	6,3	2 278	4,7	2 285	4,5
Approvisionnement en eau et électricité	0	0,0	0	0,0	133	0,3
Eclairage public	1 900	7,5	4 800	10,0	4 520	8,9
Logement pour Congolais	1 972	7,7	3 050	6,4	3 166	6,1
Hygiène et installations Médicales	1 838	7,2	2 242	4,7	2 728	5,4
Enseignement pour Congolais	266	1,0	354	0,7	302	0,6
Colonat						
Total II	**7 592**	**29,7**	**12 724**	**26,5**	**13 134**	**25,8**
III. Développement agricole						
Agriculture congolaise	779	3,1	850	1,8	1 049	2,2
Elevage congolais	180	0,7	397	0,8	286	0,6
Pêche et pisciculture	90	0,3	133	0,3	125	0,2
Recherche scientifique et expérimentale						
Inéac	339	1,3	978	2,0	978	1,9
Irsac			52	0,1	62	0,1
Substances susceptibles de fournir des carburants						
Sylviculture			187	0,4	175	0,3

Programmes agricoles spéciaux et usines à thé					266	0,5
Total III	**1 388**	**5,4**	**2 597**	**5,4**	**2 941**	**5,8**
IV. Services publics						
Urbanisme et bâtiments civils	1 200	4,7	7 674	16,0	8 399	16,4
Entreposage et conservation des produits	250	1,0	200	0,4	129	0,3
Cartographie et géodésie	112	0,5	164	0,3	163	0,3
Géologie et hydrologie	25	0,1	85	0,2	80	0,2
Météorologie et géophysique	28	0,1	90	0,2	105	0,2
Télécommunications	250	1,0	725	1,5	697	1,4
Transports en commun					26	
Total IV	**1 865**	**7,4**	**8 938**	**18,6**	**9 599**	**18,8**
Total général	**25 512**	**100**	**48 076**	**100**	**50 957**	**100,0**

Source : Secrétariat du Plan décennal

(1)A ce montant, il y a lieu d'ajouter l'intervention du Fonds du Bien-être indigène (FBEI) soit 1341 millions pour le Congo Belge
(2) Idem mais 1.343 millions

TABLEAU STATISTIQUE 11
BUDGETS ORDINAIRES DU CONGO BELGE

en moi F.C.

exercices	recettes	dépenses ordinaires	versements au Fonds d'égalisation des budgets	total des dépenses	Solde
1908	30	35	-	35	-5
1909	36	37	-	37	-1
1910	45	38	-	38	7
1911	57	47	-	47	-10
1912	45	50	-	50	-5
1913	44	54	-	54	-10
1914	26	47	-	47	-21
1915	31	49	-	49	-18
1916	41	50	-	50	-9
1917	52	52	-	52	-1
1918	38	46	-	46	-9
1919	58	55	-	55	3
1920	92	77	-	77	14
1921	75	95	-	95	-19
1922	79	107	-	107	-29
1923	123	144	-	144	-21
1924	188	178	-	178	10
1925	267	234	-	234	33
1926	322	325	-	325	-3
1927	525	462	-	462	64
1928	591	564	-	564	27
1929	690	636	-	636	54
1930	635	710	-	710	-75
1931	531	705	-	705	-174
1932	380	596	-	596	-216
1933	504	695	-	695	-191
1934	690	690	-	690	-
1935	707	707	-	707	-
1936	786	786	-	786	-
1937	834	827	-	827	7
1938	783	783	-	783	0
1939	744	727	-	727	17

1940	911	734	5	739	172
1941	1 244	942	-	942	302
1942	1 597	1 305	5	1 310	287
1943	1 938	1 545	10	1 555	383
1944	2 338	1 675	10	1 685	653
1945	2 077	2 033	10	2 043	34
1946	2 264	2 129	10	2 139	125
1947	4 173	2 901	810	3 711	462
1948	5 328	3 681	812	4 493	835
1949	5 336	4 101	450	4 551	785
1950	5 415	4 194	600	4 894	521
1951	8 048	5 334	1 000	6 334	1714
1952	8 371	6 195	800	6 995	1 376
1953	10 359	7 154	600	7 754	2 605
1954	9 897	7 532	-	7 532	2 365
1955	10 760	8 747	600+400*	9 147	1 213
1956	11 901	10 415	600+300*	11 315	486
1957	11 677	12 259	-	11 293	-582
1958	11 000	13 600	-	13 452	-2486
1959	9 928	13 004	-	13 004	…

* dotation au Fonds spécial d'amortissement de la dette publique

sources : 1. de 1908 à 1938 : Banque centrale du CB et du RU

2. de 1939 à 1959 : Zimmer M. "Les finances coloniales jusqu'en 1960 et leurs conséquences pp. 945-946"

TABLEAU STATISTIQUE 12

BUDGETS EXTRAORDINAIRES DU CONGO BELGE

en m^{io} FC

années	Recettes			Dépenses	
	extraordinaires	emprunts	total	total	dont affecté au Plan décennal
1920	...	...	...	124	-
1921	...	...	...	74	-
1922	...	...	...	125	-
1923	...	...	...	93	-
1924	...	...	...	115	-
1925	...	...	...	307	-
1926	...	...	...	515	-
1927	...	...	...	948	-
1928	...	...	...	330	-
1929	...	...	...	471	-
1930	...	...	...	763	-
1931	...	...	...	356	-
1932	...	...	...	97	-
1933	...	...	...	63	-
1934	...	...	...	8	-
1935	...	...	...	37	-
1936	...	...	...	1 370	-
1937	...	...	...	103	-
1938	...	...	...	473	-
1939	63	3	66	44	-
1940	34	-	34	544	-
1941	93	-	93	893	-
1942	105	-	105	841	-
1943	124	-	124	498	-
1944	154	-	154	643	-
1945	227	-	227	1 232	-
1946	140	-	140	2 659	-
1947	950	1 200	2 150	495	-
1948	64	-	64	1 059	-
1949	960	-	960	2 245	-
1950	336	3 363	3 699	6 579	6 050
1951	65	200	265	4 078	3 006

1952	578	852	1 430	3 896	2 529
1953	116	2 101	2 217	7 030	5 567
1954	537	5 398	5 935	4 764	3 974
1955 *	309	5 936	6 245	6 985	5 427
1956 *	520	6 721	7 241	7 397	4 091
1957 *	371	863	1 237	6 901	5 221
1958	263	…	…	6 084	4 310
1959 **	165	…	…	5 852 ***	4 048

* chiffres provisoires

** prévisions

*** dont 90m^{io} BEF du Fonds Européen de développement (FED)

source : 1920-1938 : Banque Centrale du CB et du RU, bulletin 1959, n°12, p.468

1939-1959 : "Le Congo Belge" tome II p.60

"La situation économique … en 1959" p. 140

TABLEAU STATISTIQUE 13

Dette publique du Congo Belge

en m^{io} FC

années	1. Dette publique consolidée (emprunts)	2. Dette flottante (bons du Trésor)	3. Dette directe total 1 + 2	Charge annuelle
1939	3 993	480	4 473	209
1940	3 979,8	526	4 505,8	241
1941	3 968,1	568,2	4 536,3	...
1942	3 943,7	561,2	4 504,9	...
1943	3 917,7	557,2	4 474,9	...
1944	3 907	415,7	4 322,7	...
1945	3 862,2	23,5	3 885,7	...
1946	3 832,7	-	3 832,7	...
1947	2 803,4	1 625	4 428,4	...
1948	2 774,9	1 400	4 174,9	...
1949	2 890	800	3 690	...
1950	6 242	2 495	8 737	207
1951	6 189,1	4 400	10 589,1	...
1952	8 225,3	7 135	15 360,3	443
1953	10 027,1	5 390	15 417,1	519
1954	15 358,7	5 960	21 318,7	625
1955	20 774,9	5 707	26 481,9	752
1956	27 256,5	5 460	32 716,5	1 256
1957	27 647,9	3 793,8	31 441,7	1 745
1958	34 588,1	7 958,3	42 546,3	1 927
1959	35 994,1	7 725,9	43 720	2 509
30.06.60	34 596	11 859	46 055	3 900

source : "Le Congo Belge" tome II p. 62
"La situation économique ...en 1959" pp. 150-151
Zimmer M. "Les finances coloniales..." p. 953

BIBLIOGRAPHIE

Annuaire statistique de la Belgique et du Congo Belge
tome 80, année 1959
Bruxelles, Institut National de Statistique,
1960, 570 p.

BAECK, L.
Economische ontwikkeling en sociale structuur in Belgisch-Kongo
Leuven, Centrum voor Economische studiën,
1959, 331 p.

BAGENDA , Patient
Le Congo, malade de ses hommes. Crimes, pillages et guerres
Bruxelles, Editions Luc Pire, 2003, 180 p.

BEZY, Fernand
Problèmes structurels de l'économie congolaise
Louvain, Editions Nauwelaerts, 1957, 285 p.

BEZY, Fernand
Principes pour l'orientation du développement économique du Congo
Léopoldville, Editions de l'Université, 1959, 56 p.

BEZY, Fernand
Les implications économiques de la décolonisation au Congo
Texte dactylographié, avril 1960, 19 p.

BEZY, F., PEEMANS, J.P., WAUTELET, J.M.
Accumulation et sous-développement au Zaïre – 1960-1980
Louvain-la-Neuve, Presses universitaires de
Louvain, 1981, 245 p.

BUELENS, Frans et KARYSSE, Stefaan
Returns on Investments during the colonial Era : the case of Congo
Antwerp, University of Antwerp, Institute of Development Policy and Management, 2006, Discussion Paper 2006/07, 32 p.

Bulletin mensuel des statistiques générales du Congo Belge et du Ruanda-Urundi
Gouvernement général. Affaires économiques. Direction de la statistique Années 1955-1960.

Le centenaire de l'Etat Indépendant du Congo. Recueil d'études
Bruxelles, Académie Royale des Sciences d'outre-mer, 1988, 533 p.

CLAUZEL, Jean (sous la direction de)
La France d'outre-mer (1930-1960). Témoignages d'administrateurs et de magistrats
Paris, Editions Karthala, 2003, 878 p.

Le Congo belge
Bruxelles, Inforcongo, 1959, tome I 535 p., tome II 208 p.

Le Congo belge durant la seconde guerre mondiale. Recueil d'études
Bruxelles, Académie Royale des Sciences d'outre-mer, 1983, 623 p

Congo 1955-1960, Recueil d'études
Bruxelles, Académie Royale des sciences d'outre-mer, 1992,599 p.

CLEMENT , Jean A.P. (éd.)
Post conflict Economics in Sub-Saharan Africa lessons from the Democratic Republic of the Congo
Washington, I.M.F. 2004, 327 p.

CORNELIS, H.A.A.
Belgisch Congo en Ruanda-Urundi tijdens de tweede wereldoorlog. De economische en financiële situatie
in *Le Congo belge durant la seconde guerre mondiale,* pp. 439-493.

Dettes de guerre
Editions de l « Essor du Congo », Elisabethville, 1945, 275 p. (coll. Les cahiers de la politique indigène).

DRACHOUSSOF Vladimir
Le développement de l'agriculture autochtone congolaise
in : *Bulletin de la Banque Centrale du Congo Belge et du Ruanda-Urundi*, 1959, n°12, pp.261-274

DRACHOUSSOF, Vladimir (ed.)
Le développement rural en Afrique centrale 1908-1960/1962. Synthèse et réflexions
Bruxelles, Fondation Roi Baudouin, 1991,2 vol.

DUPRIEZ, Pierre
Contrôle des changes et structures économiques
Paris – La Haye, Mouton, 1970, XIII + 334 p.

Entreprises et entrepreneurs en Afrique XIXème et XXème siècles
Paris, éditions L'Harmattan, 1983, 2 tomes (529 +638 p.)

L'évolution historique du franc congolais dans ses rapports avec le franc belge
in : *Bulletin de la Banque Centrale du Congo Belge et du Ruanda-Urundi*, 1957, n°11, pp. 437-454.

Les facteurs déterminants de la situation économique du Congo Belge
in : *Bulletin de la Banque Centrale du Congo Belge et du Ruanda-Urundi,* 1958, n°1, pp.1-21.

Guide du voyageur au Congo belge et au Ruanda-Urundi
Bruxelles, 1958, (4ème édition) 798 p.

HEENEN, Gaston
Les finances du Congo belge
in : *Histoire des finances publiques en Belgique,* pp. 263-355.

Histoire des finances publiques en Belgique
Bruxelles, Institut des Finances Publiques, 1955, 3 tomes (663,491,159 p.).

HULSTAERT, G.
Herinneringen aan de oorlog
in *Le Congo belge durant la seconde guerre mondiale*, pp. 587-595.

HUYBRECHTS, André
- *Les industries*
in : *revue Industrie* (Fédération des entreprises de Belgique), 1958, n°1, pp. 404-409.

- *Transports et structures de développement au Congo. Etude du progrès économique de 1900 à 1970*
Paris – La Haye, Mouton, 1970, XX + 418 p.

- *L'économie congolaise à l'heure de la faillite*
in : revue Industrie (fédération des entreprises de Belgique) 1960, n°8, pp. 565-576.

- *Les répercussions de l'anarchie sur l'économie congolaise*
in : revue Industrie (Fédération des entreprises de Belgique) 1961, n°5, 8 p.

HUYBRECHTS, André et ZIMMER, Marcel
L'économie congolaise au cours de la période 1955-1960
in *Congo 1955-1960*, pp. 261-272.

HUYBRECHTS, André et VAN DER STEEN, Daniel
L'économie : structures, évolution, perspectives, pp. 177-307

in J. VANDERLINDEN (sous la direction de), *Du Congo au Zaïre 1960-1980 .Essai de bilan*
Bruxelles, CRISP, 1980, 420 p.

HUYBRECHTS, André et TAYLOR, David J.
Zaïre Economy
in : Africa South of the Sahara , London, Europa Publications Ltd, 1987-1988, pp. 1058-1065.

JEWSIEWICKI, Bogumil
- *-Capitalisme par procuration et industrialisation sans entrepreneurs : la petite Entreprise au Congo belge (1910-1960)*
in : *Entreprises et entrepreneurs en Afrique pp. 81-100*

- *Le colonat agricole européen au Congo belge, 1918-1960 : questions politiques et économiques*
in : *Journal of African History,* XX-4, 1979, pp. 559-571.

JOYE Pierre et LEWIN Rosine
Les Trusts au Congo
Bruxelles, Société Populaire d'édition, 1961
318 p.

KURGAN-VAN HENTERIJK, G.
Les milieux d'affaire belges et l'outre-mer vers 1885
in : *Le centenaire de l'Etat Indépendant du Congo*, pp. 461-465

LACROIX , J.L.
Industrialisation au Congo. La transformation des structures économiques
Paris, La Haye, Mouton, 196, 358 p.

LECLERCQ, Hugues
Un mode de mobilisation des ressources : le système fiscal. Le cas du Congo pendant la période coloniale
Léopoldville, Université Lovanium, IRES,
cahiers économiques et sociaux, vol. III, cahier
n°2, 1965, pp. 95-139

Livre blanc. Apport scientifique de la Belgique au développement de l'Afrique centrale
Bruxelles, Académie Royale des Sciences d'Outre-mer, 1962 et 1963, 3 tomes (1140 p. + 58 p. Annexes).

MAKUTUNGU, Kuama Mobwa
La mobilisation de la force du travail dans le sud-ouest de l'ancien Congo belge 1910-1932. Grands travaux d'infrastructure, entreprises commerciales et industrielles.
Louvain-la-Neuve, thèse de doctorat UCL en histoire, 1995, 2 tomes + annexes.

MARCHAL, Jules
L'histoire du Congo 1910-1945
Borgloon, Editions Paula Bellings, 3 tomes, 1999 (510 p.), 2000 (338 p.), 2001 (395 p.).

MAUREL, Auguste
Le Congo de la colonisation belge à l'indépendance
Paris, L'Harmattan, 1992, 362 p.

La mémoire du Congo. Le temps colonial
Tervuren, Musée royal de l'Afrique centrale, Editions Snoeck, 2005, 271 p.

MERTENS de WILMARS, E.
L'énergie
in : Livre blanc tome 3, pp.1039-1051.

MOELLER de LADDERSOUS A.
Régime financier, monétaire et budget
in : Livre blanc, tome 1, pp. 303-327.

ORBAN, P.
La sécurité sociale. République du Congo (Léopoldville)
Bruxelles, Académie Royale des Sciences d'outre-mer, Bulletin des séances, 1963-6, pp. 1088-1102.

PEEMANS, Jean-Philippe
Diffusion du progrès économique et convergence des prix. Congo-Belgique 1900-1960
Louvain, Editions Nauwelaerts, 1970, tome II
636 p.

PETILLON , L.A.M.
Témoignage et réflexions
Bruxelles, La Renaissance du Livre, 1967,
447p.

Plan décennal pour le développement économique et social du Congo Belge
Bruxelles, Editions De Visscher, 1949, 2 tomes,
601 p.

La question sociale au Congo
Rapport au Comité du Congrès Colonial National
Compte-rendu de la discussion en séance plénière du 24 novembre 1924.
Bruxelles, Editions Goemaere, 1924, 247 p.

Rapport sur l'administration du Congo Belge pendant l'année 1958
Bruxelles, Chambre des Représentants, 1959,
324 p.

Le revenu des populations indigènes au Congo-Léopoldville
Bruxelles, ULB Institut Solvay, Centre d'études des questions économiques africaines, 1963, 94p.

ROSTOW, W.W.
The Process of Economic Growth.
Oxford, At the Clarendon Press, 1960, 372 p.
(2°ed.).

RUBBENS, A.
De naweeën van de oorlogsinspanning
in *Le Congo belge durant la seconde guerre mondiale*, pp. 579-585.

La situation économique du Congo Belge et du Ruanda-Urundi en ...
Bruxelles, Ministère des Colonies (années 1950 à 1959).

STANER, Pierre
Paysannats et vie rurale
in : Livre Blanc pp. 413-418.

Le nouveau Plan décennal
s.d. 11 p. dactylographiées.

Statistiques des mouvements de capitaux au Congo Belge et au Ruanda-Urundi de 1887 à 1956
Bruxelles, Ministère des Colonies, 1958, 308 p.

STENGERS, Jean
Combien le Congo a-t-il coûté à la Belgique ?
Bruxelles, Académie Royale des Sciences d'Outre-mer, 1957, 394 p.

La Belgique et le Congo. Politique coloniale et décolonisation
in *Histoire de la Belgique contemporaine*
Bruxelles, 1974, La Renaissance du Livre, 444p.

Congo. Mythes et réalités. 100 ans d'histoire
Paris, Louvain-la-Neuve, Editions Duculot, 1989, 283 p.

Léopold II et l'association Internationale du Congo
in *Le Centenaire de l'Etat Indépendant du Congo – Recueil d'Etudes* pp. 51-75.

VAN MEERHAEGHE, M.
Caractéristiques de l'économie
in : *Livre Blanc*, Bruxelles, Académie Royale des Sciences d'outre-mer, 1962, pp.467-482.

VANTHEMSCHE, Guy
Genèse et portée du Plan décennal du Congo belge (1949-1959)

Bruxelles, Académie Royale des Sciences
d'Outre-mer, 1994, 90 p.

La Sabena. L'aviation commerciale belge 1923-2001. Des origines au crash.
Bruxelles, Editions De Boeck Université, 2002,
341 p.

Le Plan décennal et la modernisation du Congo belge (1949-1959)
in : *La mémoire du Congo. Le temps colonial* ,
pp.104-107.

L'empreinte du colonisateur belge sur l'économie congolaise
in : *La mémoire du Congo. Le temps colonial* ,
pp. 83-91.

La Belgique et le Congo – Empreintes d'une colonie (1850-1980)
In : *Nouvelle Histoire de Belgique, vol 4*
Bruxelles, Editions Complexe, 2007, 358 p.

VAN WING, J. S.J .
La situation actuelle des populations congolaises
Institut Royal Colonial Belge, bulletin des
séances, Tome 3, 1945, pp 584-605.

Quelques aspects de l'état social des populations indigènes au Congo belge
Bruxelles, Institut Royal Colonial belge,
bulletin des séances, 1947, XVIII-1,
pp. 185-201.

Le Congo déraille
Bruxelles, Institut Royal Colonial Belge,
bulletin des séances, XXII – 1951 – 3pp. 609-
626.

Impressions du Congo 1955
Bruxelles, Académie Royale des Sciences
d'outre-mer

bulletin des séances II 1956-2, pp 170-186.

VELLUT, Jean-Luc
Articulations entre entreprises et Etat : pouvoirs hégémoniques dans le bloc Colonial belge (1908-1960)
in *: Entreprises et entrepreneurs en Afrique*, pp. 49-79.

VERHAEGEN, B.
La guerre vécue au centre extra-coutumier de Stanleyville
in : *Le Congo belge durant la seconde guerre mondiale* , p.439-493.

ZIMMER, Marcel
Les finances coloniales jusqu'en 1960
in *Histoire des finances publiques en Belgique* pp. 934-989.
Bruxelles, Editions Bruylant, Institut Belge des finances publiques, 1988, 2 tomes 1099 p.

L'HARMATTAN, ITALIA
Via Degli Artisti 15 ; 10124 Torino

L'HARMATTAN HONGRIE
Könyvesbolt; Kossuth L.u. 14-16
1053 Budapest

L'HARMATTAN BURKINA FASO
Rue 15 . 167 Route du Pô Patte d'oie
12 BP 226
Ouagadougou 12
(00226) 50 37 54 36

ESPACE L'HARMATTAN KINSHASA
Faculté des Sciences Sociales,
Politiques et Administratives
BP 243, KIN XI ; Université de Kinshasa

L'HARMATTAN GUINÉE
Almamya Rue KA 028
En Face du restaurant le cèdre
OKB agency BP 3470 Conakry
(00224) 60 20 85 08
harmattanguinee@yahoo.fr

L'HARMATTAN COTE D'IVOIRE
M. Etien N'dah Ahmon
Résidence Karl / Cité des arts
Abidjan-Cocody 03 BP 1588 Abidjan 03
(00225) 05 77 87 31

L'HARMATTAN MAURITANIE
Espace El Kettab du livre francophone
N°472 avenue Palais des Congrès
BP 316 Nouakchott
(00222) 63 25 980

L'HARMATTAN CAMEROUN
Immeuble Olympia face à la Camair
BP 11486 Yaoundé
(237) 458.67.00/976.61.66
harmattancam@yahoo.fr

23207 - mai 2011
Achevé d'imprimer par
1livre.com
du rêve à la réalité !

Made in United States
Troutdale, OR
11/03/2026

56847574R10066